建设项目经济评价方法与参数

（第三版）

国家发展改革委
建　　设　　部　发布

中国计划出版社

2006　北　京

图书在版编目（CIP）数据

建设项目经济评价方法与参数/国家发展改革委，建设部发布. —3版. —北京：中国计划出版社，2006. 8（2024.10重印）
ISBN 978-7-80058-286-8

Ⅰ. 建… Ⅱ. ①国… ②建… Ⅲ. 基本建设项目－项目评价
Ⅳ. F282

中国版本图书馆CIP数据核字（2006）第086393号

建设项目经济评价方法与参数（第三版）
国家发展改革委
建　　设　　部　发布

中国计划出版社出版发行
网址：www. jhpress. com
地址：北京市西城区木樨地北里甲11号国宏大厦C座4层
邮政编码：100038　电话：（010）63906433（发行部）
北京天宇星印刷厂印刷

787mm×1092mm　1/16　14. 75印张　251千字
2006年8月第3版　2024年10月第19次印刷
印数 133601—136600册

ISBN 978-7-80058-286-8
定价：60. 00元

修订说明

《建设项目经济评价方法与参数》（第三版）的修订工作，是由国家发展改革委与建设部组织建设部标准定额研究所等单位和专家编制完成的。

修订过程中，修订组以科学发展观为指导，按照国家投资体制改革的总体要求，在认真总结《建设项目经济评价方法与参数》（第二版）实施经验的基础上，立足我国国情，借鉴国际上项目经济评价研究成果，本着继承与创新的精神，开展了大量深入细致的调查研究工作，针对相关内容开展了专题科研，组织了较大规模的经济参数测算，提出了一套比较完整、适用广泛、切实可行的经济评价方法与参数体系。《建设项目经济评价方法与参数》（第三版）征求意见稿完成后，在全国范围内广泛征求了有关部门、单位和专家的意见，后经反复修改形成了送审稿，于2005年5月通过了国家发展改革委投资司和建设部标准定额司共同组织的审查。

《建设项目经济评价方法与参数》（第三版）包括《关于建设项目经济评价工作的若干规定》、《建设项目经济评价方法》和《建设项目经济评价参数》三部分。

《建设项目经济评价方法》主要内容包括：总则、财务效益与费用估算、资金来源与融资方案、财务分析、经济费用效益分析、费用效果分析、不确定性分析与风险分析、区域经济与宏观经济影响分析、方案经济比选、改扩建项目与并购项目经济评价特点、部分行业项目经济评价的特点。

《建设项目经济评价参数》主要内容包括：总则、财务评价参数和国民经济评价参数。

在《建设项目经济评价方法与参数》（第三版）的使用过程中，请各有关部门和单位注意总结经验，积累资料。如发现需要修改和补充之处，请将意见告国家发展改革委投资司（地址：北京市西城区月坛南街38号，邮编：100824）和建设部标准定额司（地址：北京市三里河路9号，邮政编码：100835），以便今后修订时参考。

二〇〇六年七月三日

目　录

修订说明

国家发展改革委、建设部关于印发建设项目经济评价方法与参数的通知

发改投资〔2006〕1325号

国务院有关部门、直属机构，各省、自治区、直辖市及计划单列市、副省级省会城市发展改革委、经委（经贸委）、建设厅（建委），新疆生产建设兵团发展改革委，各中央管理企业：

现将修改后的《关于建设项目经济评价工作的若干规定》、《建设项目经济评价方法》和《建设项目经济评价参数》印发给你们，请在开展投资项目经济评价工作时借鉴和使用，并将使用中的问题和建议随时告国家发展改革委投资司和建设部标准定额司。

自本通知发布之日起，1993年国家计委、建设部《关于印发建设项目经济评价方法和参数的通知》（计投资〔1993〕530号）所发布的《关于建设项目经济评价工作的若干规定》、《建设项目经济评价方法》、《建设项目经济评价参数》和《中外合资经营项目经济评价方法》等文件停止使用。

附件：一、《关于建设项目经济评价工作的若干规定》

二、《建设项目经济评价方法》

三、《建设项目经济评价参数》

国家发展改革委　　建　设　部

二〇〇六年七月三日

附件一

关于建设项目经济评价工作的若干规定

第一条 为适应社会主义市场经济的发展，加强建设项目经济评价工作，根据《国务院关于投资体制改革的决定》精神，制定本规定。

第二条 各类建设项目的经济评价工作，适用本规定。

第三条 建设项目经济评价是项目前期工作的重要内容，对于加强固定资产投资宏观调控，提高投资决策的科学化水平，引导和促进各类资源合理配置，优化投资结构，减少和规避投资风险，充分发挥投资效益，具有重要作用。

第四条 建设项目经济评价应根据国民经济与社会发展以及行业、地区发展规划的要求，在项目初步方案的基础上，采用科学的分析方法，对拟建项目的财务可行性和经济合理性进行分析论证，为项目的科学决策提供经济方面的依据。

第五条 建设项目经济评价包括财务评价（也称财务分析）和国民经济评价（也称经济分析）。

财务评价是在国家现行财税制度和价格体系的前提下，从项目的角度出发，计算项目范围内的财务效益和费用，分析项目的盈利能力和清偿能力，评价项目在财务上的可行性。

国民经济评价是在合理配置社会资源的前提下，从国家经济整体利益的角度出发，计算项目对国民经济的贡献，分析项目的经济效率、效果和对社会的影响，评价项目在宏观经济上的合理性。

第六条 建设项目经济评价内容的选择，应根据项目性质、项目目标、项目投资者、项目财务主体以及项目对经济与社会的影响程度等具体情况确定。对于费用效益计算比较简单，建设期和运营期比较短，不涉及进出口平衡等一般项目，如果财务评价的结论能够满足投资决策需要，可不进行国民经济评价；对于关系公共利益、国家安全和市场不能有效配置资源的经济和社会发展的项目，除应进行财务评价外，还应进行国民经济评价；对于特别重大的建设项目尚应辅以区域经济与宏观经济影响分析方法进行国民经济评价。

第七条 建设项目经济评价必须保证评价的客观性、科学性、公正性，坚持定量分析与定性分析相结合、以定量分析为主以及动态分析与静态分析相结合、以动态分析为主的原则。

第八条 建设项目经济评价的深度，应根据项目决策工作不同阶段的要求确定。建设项目可行性研究阶段的经济评价，应系统分析、计算项目的效益和费用，通过多方案经济比选推荐最佳方案，对项目建设的必要性、财务可行性、经济合理性、投资风险等进行全面的评价。项目规划、机会研究、项目建议书阶段的经济评价可适当简化。

第九条 《建设项目经济评价方法》与《建设项目经济评价参数》是建设项目经济评价的重要依据。

对于实行审批制的政府投资项目，应根据政府投资主管部门的要求，按照《建设项目经济评价方法》与《建设项目经济评价参数》执行；对于实行核准制和备案制的企业投资项目，可根据核准机关或备案机关以及投资者的要求，选用建设项目经济评价的方法和相应的参数。

第十条 建设项目的经济评价，对于财务评价结论和国民经济评价结论都可行的建设项目，可予以通过；反之应予否定。对于国民经济评价结论不可行的项目，一般应予否定；对于关系公共利益、国家安全和市场不能有效配置资源的经济和社会发展的项目，如果国民经济评价结论可行，但财务评价结论不可行，应重新考虑方案，必要时可提出经济优惠措施的建议，使项目具有财务生存能力。

第十一条 建设项目经济评价参数的测定，应遵循同期性、有效性、谨慎性和准确性的原则，并应结合项目所在地区、归属行业以及项目自身特点，进行定期测算、动态调整、适时发布。

国民经济评价中采用的社会折现率、影子汇率换算系数和政府投资项目财务评价中使用的财务基准收益率，由国家发展和改革委员会与建设部组织测定、发布并定期调整。

有关部门（行业）可根据需要自行测算、补充经济评价所需的其他行业参数，并报国家发展和改革委员会与建设部备案。

第十二条 项目评价人员应认真做好市场预测，并根据项目的具体情况选用参数，对项目经济评价中选用的价格要有充分的依据并做出论证。建设项目经济评价中使用的其他基础数据，应务求准确，避免造成评价结果失真。

第十三条 健全建设项目经济评价、评估工作制度。政府投资项目的经济评价工作应由符合资质要求的咨询中介机构承担，并由政府有关决策部门委托符合资质要求的咨询中介机构进行评估。承担政府投资项目可行性研究和经济评价的单位不得参加同一项目的评估。

政府投资项目的决策，应将经科学评估的经济评价结论作为项目或方案取舍的重要依据。

第十四条 建设项目的经济评价工作，应充分利用信息技术，开发和完善评价软件和项目信息数据库，以加强项目评价工作的科学管理，提高工作效率和经济评价的质量。

第十五条 对于建设项目经济评价工作的基本理论和原则，有关部门应采取多种形式，积极开展宣传和推广工作。

第十六条 《建设项目经济评价方法》与《建设项目经济评价参数》，由国家发展和改革委员会与建设部共同组织制定，并根据国家经济发展与财务会计制度的改革等适时修订发布，进行管理。

有关部门（行业）应根据国家发布的《建设项目经济评价方法》与《建设项目经济评价参数》，结合行业特点制定实施细则，并报国家发展和改革委员会与建设部审批。

《建设项目经济评价方法》与《建设项目经济评价参数》的具体解释工作，由建设部标准定额研究所负责。

第十七条 各级政府投资行政主管部门与建设行政主管部门，应加强对《建设项目经济评价方法》与《建设项目经济评价参数》实施的管理与监督。财政、金融、税务、外贸、物价、海关、外汇、统计等有关部门应通力合作，密切配合，并提供信息资料方面的支持。

第十八条 本规定发布前国家关于建设项目经济评价有关规定与本规定不一致的，以本规定为准；法律或者行政法规对建设项目经济评价另有规定的，从其规定。

第十九条 本规定由国家发展和改革委员会与建设部负责解释。

第二十条 本规定自发布之日起施行。

附件二

建设项目经济评价方法

1 总 则

1.1 为适应社会主义市场经济发展的需要，规范建设项目经济评价工作，保证经济评价的质量，提高项目决策的科学化水平，引导和促进各类资源的合理有效配置，充分发挥投资效益，制定本建设项目经济评价方法。

1.2 建设项目经济评价方法适用于各类建设项目前期研究工作（包括规划、机会研究、项目建议书、可行性研究阶段），项目中间评价和后评价可参照使用。

1.3 建设项目经济评价是项目前期研究工作的重要内容，应根据国民经济与社会发展以及行业、地区发展规划的要求，在项目初步方案的基础上，采用科学、规范的分析方法，对拟建项目的财务可行性和经济合理性进行分析论证，做出全面评价，为项目的科学决策提供经济方面的依据。

1.4 建设项目可从不同的角度进行分类。按项目的目标，分为经营性项目和非经营性项目；按项目的产出属性（产品或服务），分为公共项目和非公共项目；按项目的投资管理形式，分为政府投资项目和企业投资项目；按项目与企业原有资产的关系，分为新建项目和改扩建项目；按项目的融资主体，分为新设法人项目和既有法人项目。

1.5 建设项目经济评价的内容及侧重点，应根据项目性质、项目目标、项目投资者、项目财务主体以及项目对经济与社会的影响程度等具体情况选择确定（见附录A）。

1.6 建设项目经济评价的深度，应根据项目决策工作不同阶段的要求确定。建设项目可行性研究阶段的经济评价，应系统分析、计算项目的效益和费用，通过多方案经济比选推荐最佳方案，对项目建设的必要性、财务可行性、经济合理性、投资风险等进行全面的评价。项目规划、机会研究、项目建议书阶段的经济评价可适当简化。

1.7 建设项目经济评价必须保证评价的客观性、科学性、公正性，通过“有无对比”坚持定量分析与定性分析相结合、以定量分析为主和动态分析与静态分析相结合、以动态分析为主的原则。

1.8 建设项目经济评价的计算期，包括建设期和运营期。建设期应参照项目建设的合理工期或项目的建设进度计划合理确定；运营期应根据项目特点参照项目的合理经济寿命确定。

计算现金流的时间单位，一般采用年，也可采用其他常用的时间单位。

1.9 财务分析应采用以市场价格体系为基础的预测价格。

在建设期内，一般应考虑投入的相对价格变动及价格总水平变动。

在运营期内，若能合理判断未来市场价格变动趋势，投入与产出可采用相对变动价格；若难以确定投入与产出的价格变动，一般可采用项目运营期初的价格；有要求时，也可考虑价格总水平的变动。

经济费用效益分析应采用以影子价格体系为基础的预测价格，不考虑价格总水平变动因素。

2 财务效益与费用估算

2.1 财务效益与费用是财务分析的重要基础，其估算的准确性与可靠程度对项目财务分析影响极大。财务效益和费用估算应遵循“有无对比”的原则，正确识别和估算“有项目”和“无项目”状态的财务效益与费用。财务效益与费用估算应反映行业特点，符合依据明确、价格合理、方法适宜和表格清晰的要求。

2.2 财务效益的估算应与项目性质和项目目标相联系。项目的财务效益系指项目实施后所获得的营业收入。对于适用增值税的经营性项目，除营业收入外，其可得到的增值税返还也应作为补贴收入计入财务效益；对于非经营性项目，财务效益应包括可能获得的各种补贴收入。

项目所支出的费用主要包括投资、成本费用和税金等。

2.3 为与财务分析一般先进行融资前分析的做法相协调，在财务效益与费用估算中，通常可首先估算营业收入或建设投资，以下依次是经营成本和流动资金。当需要继续进行融资后分析时，可在初步融资方案的基础上再进行建设期利息估算，最后完成总成本费用的估算。

2.4 运营期财务效益与费用估算采用的价格，应符合下列要求：

1. 效益与费用估算采用的价格体系应一致。

2. 采用预测价格，有要求时可考虑价格变动因素。

3. 对适用增值税的项目，运营期内投入和产出的估算表格可采用不含增值税价格；若采用含增值税价格，应予以说明，并调整相关表格。

2.5 项目经济评价中的营业收入包括销售产品或提供服务所获得的收入，其估算的基础数据，包括产品或服务的数量和价格。

营业收入估算应分析、确认产品或服务的市场预测分析数据，特别要注重目标市场有效需求的分析；说明项目建设规模、产品或服务方案；分析产品或服务的价格，采用的价格基点、价格体系、价格预测方法；论述采用价格的合理性。

各期运营负荷（产品或服务的数量）应根据技术的成熟度、市场的开发程度、产品的寿命期、需求量的增减变化等因素，结合行业和项目特点，通过制定运营计划，合理确定。

2.6 对于先征后返的增值税、按销量或工作量等依据国家规定的补助定额计算并按期给予的定额补贴，以及属于财政扶持而给予的其他形式的补贴等，应按相关规定合理估算，记作补贴收入。

2.7 建设投资估算应在给定的建设规模、产品方案和工程技术方案的基础上，估算项目建设所需的费用。

建设投资由工程费用（建筑工程费、设备购置费、安装工程费）、工程建设其他费用和预备费（基本预备费和涨价预备费）组成。

按照费用归集形式，建设投资可按概算法或形成资产法分类。根据项目前期研究各阶段对投资估算精度的要求、行业特点和相关规定，可选用相应的投资估算方法。投资估算的内容与深度应满足项目前期研究各阶段的要求，并为融资决策提供基础。

建设投资的分期使用计划应根据项目进度计划安排，应明确各期投资额以及其中的外汇和人民币额度。

2.8 经营成本是项目经济评价中所使用的特定概念，作为项目运营期的主要现金流出，其构成和估算可采用下式表达：

$$\text{经营成本} = \text{外购原材料、燃料和动力费} + \text{工资及福利费} + \text{修理费} + \text{其他费用} \tag{2.8}$$

式中 其他费用是指从制造费用、管理费用和营业费用中扣除了折旧费、摊销费、修理费、工资及福利费以后的其余部分。

2.9 流动资金系指运营期内长期占用并周转使用的营运资金，不包括运营中需要的临时性营运资金。流动资金的估算基础是经营成本和商业信用等，其计算应符合下列要求：

1. 按行业或前期研究阶段的不同，流动资金估算可选用扩大指标估算法或分项详细估算法。

1）扩大指标估算法：是参照同类企业流动资金占营业收入或经营成本的比例、或者单位产量占用营运资金的数额估算流动资金。在项目建议书阶段一般可采用扩大指标估算法，某些行业在可行性研究阶段也可采用此方法。

2）分项详细估算法：是利用流动资产与流动负债估算项目占用的流动资金。一般先对流动资产和流动负债主要构成要素进行分项估算，进而估算流动资金。一般项目的流动资金宜采用分项详细估算法。

流动资产的构成要素一般包括存货、库存现金、应收账款和预付账款；流动负债的构成要素一般只考虑应付账款和预收账款。流动资金等于流动资产与流动负债的差额。

2. 投产第一年所需的流动资金应在项目投产前安排。为了简化计算，项目评价中流动资金可从投产第一年开始安排。

2.10 在建设投资分年计划的基础上可设定初步融资方案，对采用债务融资的项目应估算建设期利息。建设期利息系指筹措债务资金时在建设期内发生并按规定允许在投产后计入固定资产原值的利息，即资本化利息。

建设期利息包括银行借款和其他债务资金的利息，以及其他融资费用。其他融资费用是指某些债务融资中发生的手续费、承诺费、管理费、信贷保险费等融资费用，一般情况下应将其单独计算并计入建设期利息；在项目前期研究的初期阶段，也可做粗略估算并计入建设投资；对于不涉及国外贷款的项目，在可行性研究阶段，也可做粗略估算并计入建设投资。

估算建设期利息，应根据不同情况选择名义年利率或有效年利率。

分期建成投产的项目，应按各期投产时间分别停止借款费用的资本化，此后发生的借款利息应计入总成本费用。

2.11 建设项目评价中的总投资包括建设投资、建设期利息和流动资金之和。建设项目经济评价中应按有关规定将建设投资中的各分项分别形成固定资产原值、无形资产原值和其他资产原值。形成的固定资产原值可用于计算折旧费，形成的无形资产和其他资产原值可用于计算摊销费。建设期利息应计入固定资产原值。

2.12 总成本费用系指在运营期内为生产产品或提供服务所发生的全部费用，

等于经营成本与折旧费、摊销费和财务费用之和。总成本费用估算宜符合下列要求：

1. 总成本费用可按下列方法估算：

1）生产成本加期间费用估算法：

$$总成本费用 = 生产成本 + 期间费用 \quad (2.12-1)$$

式中

$$生产成本 = 直接材料费 + 直接燃料和动力费 + 直接工资 + 其他直接支出 + 制造费用 \quad (2.12-2)$$

$$期间费用 = 管理费用 + 营业费用 + 财务费用 \quad (2.12-3)$$

2）生产要素估算法：

$$总成本费用 = 外购原材料、燃料和动力费 + 工资及福利费 + 折旧费 + 摊销费 + 修理费 + 财务费用（利息支出）+ 其他费用 \quad (2.12-4)$$

式中　其他费用同经营成本中的其他费用。

2. 成本费用估算应遵循国家现行的企业财务会计制度规定的成本和费用核算方法，同时应遵循有关税收制度中准予在所得税前列支科目的规定。当两者有矛盾时，一般应按从税的原则处理。

3. 各行业成本费用的构成各不相同，制造业项目可直接采用上述公式估算，其他行业的成本费用估算应根据行业规定或结合行业特点另行处理。

4. 总成本费用可分解为固定成本和可变成本。

固定成本一般包括折旧费、摊销费、修理费、工资及福利费（计件工资除外）和其他费用等，通常把运营期发生的全部利息也作为固定成本。

可变成本主要包括外购原材料、燃料及动力费和计件工资等。

有些成本费用属于半固定半可变成本，必要时可进一步分解为固定成本和可变成本。项目评价中可根据行业特点进行简化处理。

2.13　项目评价涉及的税费主要包括关税、增值税、营业税、消费税、所得税、资源税、城市维护建设税和教育费附加等，有些行业还包括土地增值税。税种和税率的选择，应根据相关税法和项目的具体情况确定。如有减免税优惠，应说明依据及减免方式并按相关规定估算。

2.14　在运营期内设备、设施等需要更新或拓展的项目，应估算项目维持运营的投资费用，并在现金流量表中将其作为现金流出，同时应调整相关报表。

2.15　对于非经营性项目，无论有无营业收入，均需要参照上述要求估算费用，并编制费用估算的相关报表。

2.16 进行财务效益和费用估算，需要编制下列财务分析辅助报表（见附录B）：

1. 建设投资估算表（表B1，表B2）；
2. 建设期利息估算表（表B3）；
3. 流动资金估算表（表B4）；
4. 项目总投资使用计划与资金筹措表（表B5）；
5. 营业收入、营业税金及附加和增值税估算表（表B6）；
6. 总成本费用估算表（表B7，表B8）。

1）对于采用生产要素法编制的总成本费用估算表，应编制下列基础报表（见附录B）：

①外购原材料费估算表（表$B7_{基1}$）；

②外购燃料和动力费估算表（表$B7_{基2}$）；

③固定资产折旧费估算表（表$B7_{基3}$）；

④无形资产和其他资产摊销估算表（表$B7_{基4}$）；

⑤工资及福利费估算表（表$B7_{基5}$）。

2）对于采用生产成本加期间费用估算法编制的总成本费用估算表（表B8），应根据国家现行的企业财务会计制度的相应要求，另行编制配套的基础报表。

财务效益和费用估算表应反映行业和项目特点，表中科目可适当进行调整。

以上报表按不含增值税价格设定，若采用含增值税价格，应调整相关科目。

3 资金来源与融资方案

3.1 在投资估算的基础上，资金来源与融资方案应分析建设投资和流动资金的来源渠道及筹措方式，并在明确项目融资主体的基础上，设定初步融资方案。通过对初步融资方案的资金结构、融资成本和融资风险的分析，结合融资后财务分析，比选、确定融资方案，为财务分析提供必需的基础数据。

3.2 设定融资方案，应先确定项目融资主体。确定融资主体应考虑项目投资的规模和行业特点，项目与既有法人资产、经营活动的联系，既有法人财务状况，项目自身的盈利能力等因素。

3.3 按照融资主体不同，融资方式分为既有法人融资和新设法人融资两种。

1. 既有法人融资方式，建设项目所需资金来源于既有法人内部融资、新增资本金和新增债务资金。

2. 新设法人融资方式，建设项目所需资金来源于项目公司股东投入的资本金和项目公司承担的债务资金。

3.4 项目资本金（即项目权益资金，下同）的来源渠道和筹措方式，应根据项目融资主体的特点按下列要求进行选择：

1. 既有法人融资项目的新增资本金可通过原有股东增资扩股、吸收新股东投资、发行股票、政府投资等渠道和方式筹措。

2. 新设法人融资项目的资本金可通过股东直接投资、发行股票、政府投资等渠道和方式筹措。

3.5 项目债务资金可通过商业银行贷款、政策性银行贷款、外国政府贷款、国际金融组织贷款、出口信贷、银团贷款、企业债券、国际债券、融资租赁等渠道和方式筹措。

3.6 既有法人内部融资的渠道和方式包括：货币资金、资产变现、资产经营权变现、直接使用非现金资产。

3.7 准股本资金应按下列原则处理：

1. 优先股股票在项目评价中应视为项目资本金。

2. 可转换债券在项目评价中应视为项目债务资金。

3.8 在初步明确项目的融资主体和资金来源的基础上，对于融资方案资金来源的可靠性、资金结构的合理性、融资成本高低和融资风险大小，应进行综合分析，结合融资后财务分析，比选确定融资方案。

3.9 资金来源可靠性分析应对投入项目的各类资金在币种、数量和时间要求上是否能满足项目需要进行下列几方面分析：

1. 既有法人内部融资的可靠性分析主要包括下列内容：

1）通过调查了解既有企业资产负债结构、现金流量状况和盈利能力，分析企业的财务状况、可能筹集到并用于拟建项目的现金数额及其可靠性。

2）通过调查了解既有企业资产结构现状及其与拟建项目的关联性，分析企业可能用于拟建项目的非现金资产数额及其可靠性。

2. 项目资本金的可靠性分析主要包括下列内容：

1）采用既有法人融资方式的项目，应分析原有股东增资扩股和吸收新股东投资的数额及其可靠性。

2）采用新设法人融资方式的项目，应分析各投资者认缴的股本金数额及其可靠性。

3）采用上述两种融资方式，如通过发行股票筹集资本金，应分析其获得批准的可能性。

3. 项目债务资金的可靠性分析主要包括下列内容：

1）采用债券融资的项目，应分析其能否获得国家有关主管部门的批准。

2）采用银行贷款的项目，应分析其能否取得银行的贷款承诺。

3）采用外国政府贷款或国际金融组织贷款的项目，应核实项目是否列入利用外资备选项目。

3.10 资金结构合理性分析系指对项目资本金与项目债务资金、项目资本金内部结构以及项目债务资金内部结构等资金比例合理性的分析。

项目资本金与项目债务资金的比例应符合下列要求：

1. 符合国家法律和行政法规规定；

2. 符合金融机构信贷规定及债权人有关资产负债比例的要求；

3. 满足权益投资者获得期望投资回报的要求；

4. 满足防范财务风险的要求。

确定项目资本金结构应符合下列要求：

1. 根据投资各方在资金、技术和市场开发方面的优势，通过协商确定各方的出资比例、出资形式和出资时间；

2. 采用既有法人融资方式的项目，应合理确定既有法人内部融资和新增资本金在项目融资总额中所占的比例，分析既有法人内部融资及新增资本金的可能性与合理性；

3. 国内投资项目，应分析控股股东的合法性和合理性；外商投资项目，应分析外方出资比例的合法性和合理性。

确定项目债务资金结构应符合下列要求：

1. 根据债权人提供债务资金的条件（包括利率、宽限期、偿还期及担保方式等）合理确定各类借款和债券的比例；

2. 合理搭配短期、中长期债务比例；

3. 合理安排债务资金的偿还顺序；

4. 合理确定内债和外债的比例；

5. 合理选择外汇币种；

6. 合理确定利率结构。

3.11 资金成本分析应通过计算权益资金成本、债务资金成本以及加权平均资金成本，分析项目使用各种资金所实际付出的代价及其合理性，为优化融资方案提供依据。具体计算和分析应符合下列要求：

1. 权益资金成本可采用资本资产定价模型、税前债务成本加风险溢价法和股利增长模型等方法进行计算，也可直接采用投资方的预期报酬率或既有企业的净资产收益率。

2. 债务资金成本应通过分析各种可能的债务资金的利率水平、利率计算方式（固定利率、浮动利率）、计息（单利、复利）和付息方式，以及宽限期和偿还期，计算债务资金的综合利率，并进行不同方案比选。

3. 在计算各种债务资金成本和权益资金成本的基础上，再计算整个融资方案的加权平均资金成本。

3.12 为减少融资风险损失，对融资方案实施中可能存在的资金供应风险、利率风险和汇率风险等风险因素应进行分析评价，并提出防范风险的对策。

4 财务分析

4.1 财务分析应在项目财务效益与费用估算的基础上进行。财务分析的内容应根据项目的性质和目标确定。

对于经营性项目，财务分析应通过编制财务分析报表（见附录 B），计算财务指标，分析项目的盈利能力、偿债能力和财务生存能力，判断项目的财务可接受性，明确项目对财务主体及投资者的价值贡献，为项目决策提供依据。

对于非经营性项目，财务分析应主要分析项目的财务生存能力。

4.2 财务分析可分为融资前分析和融资后分析，一般宜先进行融资前分析，在融资前分析结论满足要求的情况下，初步设定融资方案，再进行融资后分析。

在项目建议书阶段，可只进行融资前分析。

4.3 融资前分析应以动态分析（折现现金流量分析）为主，静态分析（非折现现金流量分析）为辅。

融资前动态分析应以营业收入、建设投资、经营成本和流动资金的估算为基础，考察整个计算期内现金流入和现金流出，编制项目投资现金流量表，利用资金时间价值的原理进行折现，计算项目投资内部收益率和净现值等指标。

融资前分析排除了融资方案变化的影响，从项目投资总获利能力的角度，考察项目方案设计的合理性。融资前分析计算的相关指标，应作为初步投资决策与融资方案研究的依据和基础。

根据分析角度的不同，融资前分析可选择计算所得税前指标和（或）所得税后指标。

融资前分析也可计算静态投资回收期（P_t）指标，用以反映收回项目投资所需要的时间。

4.4 融资后分析应以融资前分析和初步的融资方案为基础，考察项目在拟定融资条件下的盈利能力、偿债能力和财务生存能力，判断项目方案在融资条件下的可行性。融资后分析用于比选融资方案，帮助投资者做出融资决策。

4.5 融资后的盈利能力分析应包括动态分析和静态分析下列两种：

1. 动态分析包括下列两个层次：

1)项目资本金现金流量分析，应在拟定的融资方案下，从项目资本金出资者整体的角度，确定其现金流入和现金流出，编制项目资本金现金流量表，利用资金时间价值的原理进行折现，计算项目资本金财务内部收益率指标，考察项目资本金可获得的收益水平。

2)投资各方现金流量分析，应从投资各方实际收入和支出的角度，确定其现金流入和现金流出，分别编制投资各方现金流量表，计算投资各方的财务内部收益率指标，考察投资各方可能获得的收益水平。当投资各方不按股本比例进行分配或有其他不对等的收益时，可选择进行投资各方现金流量分析。

2. 静态分析系指不采取折现方式处理数据，依据利润与利润分配表计算项目资本金净利润率（*ROE*）和总投资收益率（*ROI*）指标。

静态盈利能力分析可根据项目的具体情况选做。

4.6 盈利能力分析的主要指标包括项目投资财务内部收益率和财务净现值、项目资本金财务内部收益率、投资回收期、总投资收益率、项目资本金净利润率等，可根据项目的特点及财务分析的目的、要求等选用。

1. 财务内部收益率（*FIRR*）系指能使项目计算期内净现金流量现值累计等于零时的折现率，即 *FIRR* 作为折现率使下式成立：

$$\sum_{t=1}^{n}(CI-CO)_t(1+FIRR)^{-t}=0 \qquad (4.6-1)$$

式中 CI——现金流入量；

CO——现金流出量；

$(CI-CO)_t$——第 t 期的净现金流量；

n——项目计算期。

项目投资财务内部收益率、项目资本金财务内部收益率和投资各方财务内部收益率都依据上式计算，但所用的现金流入和现金流出不同。

当财务内部收益率大于或等于所设定的判别基准 i_c（通常称为基准收益率）时，项目方案在财务上可考虑接受。项目投资财务内部收益率、项目资本金财务内部收益率和投资各方财务内部收益率可有不同的判别基准。

2. 财务净现值（*FNPV*）系指按设定的折现率（一般采用基准收益率 i_c）计算的项目计算期内净现金流量的现值之和，可按下式计算：

$$FNPV = \sum_{t=1}^{n} (CI - CO)_t (1 + i_c)^{-t} \tag{4.6-2}$$

式中　i_c——设定的折现率（同基准收益率）。

一般情况下，财务盈利能力分析只计算项目投资财务净现值，可根据需要选择计算所得税前净现值或所得税后净现值。

按照设定的折现率计算的财务净现值大于或等于零时，项目方案在财务上可考虑接受。

3. 项目投资回收期（P_t）系指以项目的净收益回收项目投资所需要的时间，一般以年为单位。项目投资回收期宜从项目建设开始年算起，若从项目投产开始年计算，应予以特别注明。项目投资回收期可采用下式表达：

$$\sum_{t=1}^{P_t} (CI - CO)_t = 0 \tag{4.6-3}$$

项目投资回收期可借助项目投资现金流量表计算。项目投资现金流量表中累计净现金流量由负值变为零的时点，即为项目的投资回收期。投资回收期应按下式计算：

$$P_t = T - 1 + \frac{\left| \sum_{i=1}^{T-1} (CI - CO)_i \right|}{(CI - CO)_T} \tag{4.6-4}$$

式中　T——各年累计净现金流量首次为正值或零的年数。

投资回收期短，表明项目投资回收快，抗风险能力强。

4. 总投资收益率（*ROI*）表示总投资的盈利水平，系指项目达到设计能力后正常年份的年息税前利润或运营期内年平均息税前利润（*EBIT*）与项目总投资（*TI*）的比率；总投资收益率应按下式计算：

$$ROI = \frac{EBIT}{TI} \times 100\% \tag{4.6-5}$$

式中　*EBIT*——项目正常年份的年息税前利润或运营期内年平均息税前利润；

　　TI——项目总投资。

总投资收益率高于同行业的收益率参考值，表明用总投资收益率表示的盈利能力满足要求。

5. 项目资本金净利润率（*ROE*）表示项目资本金的盈利水平，系指项目达到设计能力后正常年份的年净利润或运营期内年平均净利润（*NP*）与项目资本金（*EC*）的比率；项目资本金净利润率应按下式计算：

$$ROE = \frac{NP}{EC} \times 100\% \tag{4.6-6}$$

式中　*NP*——项目正常年份的年净利润或运营期内年平均净利润；

　　EC——项目资本金。

项目资本金净利润率高于同行业的净利润率参考值，表明用项目资本金净利润率表示的盈利能力满足要求。

4.7　偿债能力分析应通过计算利息备付率（*ICR*）、偿债备付率（*DSCR*）和资产负债率（*LOAR*）等指标，分析判断财务主体的偿债能力。上述指标应按下列公式计算：

1. 利息备付率（*ICR*）系指在借款偿还期内的息税前利润（*EBIT*）与应付利息（*PI*）的比值，它从付息资金来源的充裕性角度反映项目偿付债务利息的保障程度，应按下式计算：

$$ICR = \frac{EBIT}{PI} \tag{4.7-1}$$

式中　*EBIT*——息税前利润；

　　PI——计入总成本费用的应付利息。

利息备付率应分年计算。利息备付率高，表明利息偿付的保障程度高。

利息备付率应当大于1，并结合债权人的要求确定。

2. 偿债备付率（*DSCR*）系指在借款偿还期内，用于计算还本付息的资金（$EBITDA - T_{AX}$）与应还本付息金额（*PD*）的比值，它表示可用于计算还本付息的资金偿还借款本息的保障程度，应按下式计算：

$$DSCR = \frac{EBITAD - T_{AX}}{PD} \tag{4.7-2}$$

式中　*EBITDA*——息税前利润加折旧和摊销；

T_{AX}——企业所得税；

PD——应还本付息金额，包括还本金额和计入总成本费用的全部利息。融资租赁费用可视同借款偿还。运营期内的短期借款本息也应纳入计算。

如果项目在运行期内有维持运营的投资，可用于还本付息的资金应扣除维持运营的投资。

偿债备付率应分年计算，偿债备付率高，表明可用于还本付息的资金保障程度高。

偿债备付率应大于1，并结合债权人的要求确定。

3. 资产负债率（$LOAR$）系指各期末负债总额（TL）同资产总额（TA）的比率，应按下式计算：

$$LOAR = \frac{TL}{TA} \times 100\% \qquad (4.7-3)$$

式中 TL——期末负债总额；

TA——期末资产总额。

适度的资产负债率，表明企业经营安全、稳健，具有较强的筹资能力，也表明企业和债权人的风险较小。对该指标的分析，应结合国家宏观经济状况、行业发展趋势、企业所处竞争环境等具体条件判定。项目财务分析中，在长期债务还清后，可不再计算资产负债率。

4.8 财务生存能力分析，应在财务分析辅助表和利润与利润分配表的基础上编制财务计划现金流量表，通过考察项目计算期内的投资、融资和经营活动所产生的各项现金流入和流出，计算净现金流量和累计盈余资金，分析项目是否有足够的净现金流量维持正常运营，以实现财务可持续性。

财务可持续性应首先体现在有足够大的经营活动净现金流量，其次各年累计盈余资金不应出现负值。若出现负值，应进行短期借款，同时分析该短期借款的年份长短和数额大小，进一步判断项目的财务生存能力。短期借款应体现在财务计划现金流量表中，其利息应计入财务费用。为维持项目正常运营，还应分析短期借款的可靠性。

4.9 对于非经营性项目，财务分析可按下列要求进行：

1. 对没有营业收入的项目，不进行盈利能力分析，主要考察项目财务生存能力。此类项目通常需要政府长期补贴才能维持运营，应合理估算项目运营期各年所需的政府补贴数额，并分析政府补贴的可能性与支付能力。对有债务资金的项目，还应结合借款偿还要求进行财务生存能力分析。

2. 对有营业收入的项目，财务分析应根据收入抵补支出的程度，区别对待。收入补偿费用的顺序应为：补偿人工、材料等生产经营耗费、缴纳流转税、偿还借款利息、计提折旧和偿还借款本金。有营业收入的非经营性项目可分为下列两类：

1）营业收入在补偿生产经营耗费、缴纳流转税、偿还借款利息、计提折旧和偿还借款本金后尚有盈余，表明项目在财务上有盈利能力和生存能力，其财务分析方法与一般项目基本相同。

2）对一定时期内收入不足以补偿全部成本费用，但通过在运行期内逐步提高价格（收费）水平，可实现其设定的补偿生产经营耗费、缴纳流转税、偿还借款利息、计提折旧、偿还借款本金的目标，并预期在中、长期产生盈余的项目，可只进行偿债能力分析和财务生存能力分析。由于项目运营前期需要政府在一定时期内给予补贴，以维持运营，因此应估算各年所需的政府补贴数额，并分析政府在一定时期内可能提供财政补贴的能力。

4.10 财务分析报表包括下列各类现金流量表、利润与利润分配表、财务计划现金流量表、资产负债表和借款还本付息估算表：

1. 现金流量表应正确反映计算期内的现金流入和流出，具体可分为下列三种类型：

1）项目投资现金流量表（表B9），用于计算项目投资内部收益率及净现值等财务分析指标；

2）项目资本金现金流量表（表B10），用于计算项目资本金财务内部收益率；

3）投资各方现金流量表（表B11），用于计算投资各方内部收益率。

2. 利润与利润分配表（表B12），反映项目计算期内各年营业收入、总成本费用、利润总额等情况，以及所得税后利润的分配，用于计算总投资收益率、项目资本金净利润率等指标。

3. 财务计划现金流量表（表B13），反映项目计算期各年的投资、融资及经营活动的现金流入和流出，用于计算累计盈余资金，分析项目的财务生存能力。

4. 资产负债表（表B14），用于综合反映项目计算期内各年年末资产、负债和所有者权益的增减变化及对应关系，计算资产负债率。

5. 借款还本付息计划表（表B15），反映项目计算期内各年借款本金偿还和利息支付情况，用于计算偿债备付率和利息备付率指标。

4.11 按以上内容完成财务分析后，还应对各项财务指标进行汇总，并结合不确定性分析的结果，做出项目财务分析的结论。

5 经济费用效益分析

5.1 经济费用效益分析应从资源合理配置的角度，分析项目投资的经济效率和对社会福利所做出的贡献，评价项目的经济合理性。对于财务现金流量不能全面、真实地反映其经济价值，需要进行经济费用效益分析的项目，应将经济费用效益分析的结论作为项目决策的主要依据之一。

5.2 对于财务价格扭曲，不能真实反映项目产出的经济价值，财务成本不能包含项目对资源的全部消耗，财务效益不能包含项目产出的全部经济效果的项目，需要进行经济费用效益分析。下列类型项目应做经济费用效益分析：

1. 具有垄断特征的项目；
2. 产出具有公共产品特征的项目；
3. 外部效果显著的项目；
4. 资源开发项目；
5. 涉及国家经济安全的项目；
6. 受过度行政干预的项目。

5.3 项目经济效益和费用的识别应符合下列要求：

1. 遵循有无对比的原则；
2. 对项目所涉及的所有成员及群体的费用和效益做全面分析；
3. 正确识别正面和负面外部效果，防止误算、漏算或重复计算；
4. 合理确定效益和费用的空间范围和时间跨度；
5. 正确识别和调整转移支付，根据不同情况区别对待。

5.4 经济效益的计算应遵循支付意愿（WTP）原则和（或）接受补偿意愿（WTA）原则；经济费用的计算应遵循机会成本原则。

5.5 经济效益和经济费用可直接识别，也可通过调整财务效益和财务费用得到。经济效益和经济费用应采用影子价格计算。

5.6 对于具有市场价格的投入和产出，影子价格的计算应符合下列要求：

1. 可外贸货物的投入或产出的影子价格应根据口岸价格，按下列公式计算：

1）出口产出的影子价格（出厂价）= 离岸价（FOB）×影子汇率 − 出口费用

（5.6−1）

2）进口投入的影子价格（到厂价）= 到岸价（CIF）×影子汇率 + 进口费用

（5.6−2）

2. 对于非外贸货物，其投入或产出的影子价格应根据下列要求计算：

1）如果项目处于竞争性市场环境中，应采用市场价格作为计算项目投入或产出的影子价格的依据。

2）如果项目的投入或产出的规模很大，项目的实施将足以影响其市场价格，导致“有项目”和“无项目”两种情况下市场价格不一致，在项目评价中，取二者的平均值作为测算影子价格的依据。

3. 影子价格中流转税（如消费税、增值税、营业税等）宜根据产品在整个市场中发挥的作用，分别计入或不计入影子价格。

5.7 如果项目的产出效果不具有市场价格，应遵循消费者支付意愿和（或）接受补偿意愿的原则，按下列方法测算其影子价格：

1. 采用“显示偏好”的方法，通过其他相关市场价格信号，间接估算产出效果的影子价格。

2. 利用“陈述偏好”的意愿调查方法，分析调查对象的支付意愿或接受补偿的意愿，推断出项目影响效果的影子价格。

5.8 特殊投入物的影子价格应按下列方法计算：

1. 项目因使用劳动力所付的工资，是项目实施所付出的代价。劳动力的影子工资等于劳动力机会成本与因劳动力转移而引起的新增资源消耗之和。

2. 土地是一种重要的资源，项目占用的土地无论是否支付费用，均应计算其影子价格。项目所占用的农业、林业、牧业、渔业及其他生产性用地，其影子价格应按照其未来对社会可提供的消费产品的支付意愿及因改变土地用途而发生的新增资源消耗进行计算；项目所占用的住宅、休闲用地等非生产性用地，市场完善的，应根据市场交易价格估算其影子价格；无市场交易价格或市场机制不完善的，应根据支付意愿价格估算其影子价格。

3. 项目投入的自然资源，无论在财务上是否付费，在经济费用效益分析中都必须测算其经济费用。不可再生自然资源的影子价格应按资源的机会成本计算；可再生自然资源的影子价格应按资源再生费用计算。

5.9 如果项目的产出效果表现为对人力资本、生命延续或疾病预防等方面的影响，如教育项目、卫生项目、环境改善工程或交通运输项目等，应根据项目的具体情况，测算人力资本增值的价值、可能减少死亡的价值，以及对健康影响的价值，并将量化结果纳入项目经济费用效益分析的框架之中。如果货币量化缺乏可靠依据，应采用非货币的方法进行量化。

5.10 效益表现为费用节约的项目，应根据“有无对比”分析，计算节约的经济费用，计入项目相应的经济效益。

5.11 对于表现为时间节约的运输项目，其经济价值应采用“有无对比”分析方法，根据不同人群、货物、出行目的等，区别下列情况计算时间节约价值：

1. 根据不同人群及不同出行目的对时间的敏感程度，分析受益者为得到这种节约所愿意支付的货币数量，测算出行时间节约的价值。

2. 根据不同货物对时间的敏感程度，分析受益者为了得到这种节约所愿意支付的价格，测算其时间节约的价值。

5.12 外部效果系指项目的产出或投入无意识地给他人带来费用或效益，且项目却没有为此付出代价或为此获得收益。为防止外部效果计算扩大化，一般只应计算一次相关效果。

5.13 环境及生态影响的外部效果是经济费用效益分析必须加以考虑的一种特殊形式的外部效果，应尽可能对项目所带来的环境影响的效益和费用（损失）进行量化和货币化，将其列入经济现金流。

环境及生态影响的效益和费用，应根据项目的时间范围和空间范围、具体特点、评价的深度要求及资料占有情况，采用适当的评估方法与技术对环境影响的外部效果进行识别、量化和货币化。

5.14 影子汇率系指用于对外贸货物和服务进行经济费用效益分析的外币的经济价格，应能正确反映外汇的经济价值，应按下式计算：

$$影子汇率 = 外汇牌价 \times 影子汇率换算系数 \quad (5.14)$$

5.15 项目经济费用效益分析采用社会折现率对未来经济效益和经济费用流量进行折现。项目的所有效益和费用（包括不能货币化的效果）一般均应在共同的时点基础上予以折现。

5.16 经济费用效益分析可在直接识别估算经济费用和经济效益的基础上，利用表格计算相关指标；也可在财务分析的基础上将财务现金流量转换为经济效益与费用流量，利用表格计算相关指标。

5.17 如果项目的经济费用和效益能够进行货币化，应在费用效益识别和计算的基础上，编制经济费用效益流量表，计算下列经济费用效益分析指标，分析项目投资的经济效率：

1. 经济净现值（*ENPV*）系指项目按照社会折现率将计算期内各年的经济净效益流量折现到建设期初的现值之和，应按下式计算：

$$ENPV = \sum_{t=1}^{n}(B-C)_t(1+i_s)^{-t} \tag{5.17-1}$$

式中 B——经济效益流量；

C——经济费用流量；

$(B-C)_t$——第 t 期的经济净效益流量；

i_s——社会折现率；

n——项目计算期。

在经济费用效益分析中，如果经济净现值等于或大于0，表明项目可以达到符合社会折现率的效率水平，认为该项目从经济资源配置的角度可以被接受。

2. 经济内部收益率（*EIRR*）系指项目在计算期内经济净效益流量的现值累计等于0时的折现率，应按下式计算：

$$\sum_{t=1}^{n}(B-C)_t(1+EIRR)^{-t}=0 \tag{5.17-2}$$

如果经济内部收益率等于或者大于社会折现率，表明项目资源配置的经济效率达到了可以被接受的水平。

3. 经济效益费用比（R_{BC}）系指项目在计算期内效益流量的现值与费用流量的现值之比，应按下式计算：

$$R_{BC}=\frac{\sum_{t=1}^{n}B_t(1+i_s)^{-t}}{\sum_{t=1}^{n}C_t(1+i_s)^{-t}} \tag{5.17-3}$$

式中 B_t——第 t 期的经济效益；

C_t——第 t 期的经济费用。

如果经济效益费用比大于1，表明项目资源配置的经济效率达到了可以被接受的水平。

5.18 在完成经济费用效益分析之后，应进一步分析对比经济费用效益与财务现金流量之间的差异，并根据需要对财务分析与经济费用效益分析结论之间的差异进行分析，找出受益或受损群体，分析项目对不同利益相关者在经济上的影响程度，并提出改进资源配置效率及财务生存能力的政策建议。

5.19 对于效益和费用可以货币化的项目应采用上述经济费用效益分析方法；对于效益难于货币化的项目，应采用费用效果分析方法；对于效益和费用均难于量化的项目，应进行定性经济费用效益分析。

5.20 经济费用效益分析应编制下列分析报表及辅助报表（见附录B）：

1. 项目投资经济费用效益流量表（表B16）；
2. 经济费用效益分析投资费用估算调整表（表B17）；
3. 经济费用效益分析经营费用估算调整表（表B18）；
4. 项目直接效益估算调整表（表B19）；
5. 项目间接费用估算表（表B20）；
6. 项目间接效益估算表（表B21）。

6 费用效果分析

6.1 费用效果分析系通过比较项目预期的效果与所支付的费用，判断项目的费用有效性或经济合理性。效果难于或不能货币化，或货币化的效果不是项目目标的主体时，在经济评价中应采用费用效果分析法，其结论作为项目投资决策的依据之一。

6.2 费用效果分析中的费用系指为实现项目预定目标所付出的财务代价或经济代价，采用货币计量；效果系指项目的结果所起到的作用、效应或效能，是项目目标的实现程度。按照项目要实现的目标，一个项目可选用一个或几个效果指标。

6.3 费用效果分析遵循多方案比选的原则，所分析的项目应满足下列条件：

1. 备选方案不少于两个，且为互斥方案或可转化为互斥型的方案；
2. 备选方案应具有共同的目标，目标不同的方案、不满足最低效果要求的方案不可进行比较；
3. 备选方案的费用应能货币化，且资金用量不应突破资金限制；
4. 效果应采用同一非货币计量单位衡量，如果有多个效果，其指标加权处理形成单一综合指标；
5. 备选方案应具有可比的寿命周期。

6.4 费用效果分析应按下列步骤进行：

1. 确立项目目标；
2. 构想和建立备选方案；
3. 将项目目标转化为具体的可量化的效果指标；

4. 识别费用与效果要素，并估算各个备选方案的费用与效果；

5. 利用相关指标，综合比较、分析各个方案的优缺点；

6. 推荐最佳方案或提出优先采用的次序。

6.5 费用应包含从项目投资开始到项目终结的整个期间内所发生的全部费用。费用可按现值公式或按年值公式计算：

1. 费用现值（PC）：

$$PC=\sum_{t=1}^{n}(CO)_t(P/F,i,t) \tag{6.5-1}$$

式中 $(CO)_t$——第 t 期现金流出量；

n——计算期；

i——折现率；

$(P/F,i,t)$——现值系数$\left[\frac{1}{(1+i)^n}\right]$。

2. 费用年值（AC）：

$$AC=\left[\sum_{t=1}^{n}(CO)_t(P/F,i,t)\right](A/P,i,n) \tag{6.5-2}$$

式中 $(A/P,i,n)$——资金回收系数$\left[\frac{i(1+i)^n}{(1+i)^n-1}\right]$；其他符号同前。

备选方案的计算期不一致时，应采用费用年值公式。

6.6 项目效果计量单位的选择，应能切实度量项目目标实现的程度，且便于计算。若项目的目标不止一个，或项目的效果难以直接度量，需要建立次级分解目标加以度量时，需要用科学的方法确定权重，借助层次分析法对项目的效果进行加权计算，形成统一的综合指标。

6.7 费用效果分析可采用效果费用比为基本指标，应按下式计算：

$$R_{E/C}=\frac{E}{C} \tag{6.7-1}$$

式中 $R_{E/C}$——效果费用比；

E——项目效果；

C——项目的计算期费用，用现值或年值表示。

有时为方便或习惯起见，也可采用费用效果比指标，按下式计算：

$$R_{C/E}=\frac{C}{E} \tag{6.7-2}$$

6.8 费用效果分析可采用下列基本方法：

1. 最小费用法，也称固定效果法，在效果相同的条件下，应选取费用最小的备选方案。

2. 最大效果法，也称固定费用法，在费用相同的条件下，应选取效果最大的备选方案。

3. 增量分析法，当效果与费用均不固定，且分别具有较大幅度的差别时，应比较两个备选方案之间的费用差额和效果差额，分析获得增量效果所付出的增量费用是否值得，不可盲目选择效果费用比（$R_{E/C}$）大的方案或费用效果比（$R_{C/E}$）小的方案。

采用费用效果增量分析时应先确定基准指标（截止指标）$[E/C]_0$ 或 $[C/E]_0$。如果增加的效果能够抵补增加的费用，选择费用高的方案，否则，选择费用低的方案。

6.9 如果项目有两个以上的备选方案进行增量分析，宜按下列步骤选优：

1. 将方案费用由小到大排队；
2. 从费用最小的两个方案开始比较，通过增量分析选择优势方案；
3. 将优胜方案与紧邻的下一个方案进行增量分析，并选出新的优势方案；
4. 重复第三步，直至最后一个方案。最终被选定的优势方案为最优方案。

7 不确定性分析与风险分析

7.1 项目经济评价所采用的数据大部分来自预测和估算，具有一定程度的不确定性，为分析不确定性因素变化对评价指标的影响，估计项目可能承担的风险，应进行不确定性分析与经济风险分析，提出项目风险的预警、预报和相应的对策，为投资决策服务。

不确定性分析主要包括盈亏平衡分析和敏感性分析。经济风险分析应采用定性与定量相结合的方法，分析风险因素发生的可能性及给项目带来经济损失的程度，其分析过程包括风险识别、风险估计、风险评价与风险应对。

7.2 盈亏平衡分析系指通过计算项目达产年的盈亏平衡点（*BEP*），分析项目成本与收入的平衡关系，判断项目对产出品数量变化的适应能力和抗风险能力。盈亏平衡分析只用于财务分析。

盈亏平衡点一般采用公式计算，也可利用盈亏平衡图求取（见附录 B 图

B1），盈亏平衡点可采用生产能力利用率或产量表示，可按下列公式计算：

$$BEP_{生产能力利用率}=\frac{年固定成本}{年营业收入-年可变成本-年营业税金及附加}\times100\%$$

（7.2－1）

$$BEP_{产量}=\frac{年固定总成本}{单位产品价格-单位产品可变成本-单位产品营业税金及附加}$$

（7.2－2）

当采用含增值税价格时，式中分母还应扣除增值税。

7.3 敏感性分析系指通过分析不确定性因素发生增减变化时，对财务或经济评价指标的影响，并计算敏感度系数和临界点，找出敏感因素。通常只进行单因素敏感性分析。计算敏感度系数和临界点应符合下列要求：

1. 敏感度系数（S_{AF}）系指项目评价指标变化率与不确定性因素变化率之比，可按下式计算：

$$S_{AF}=\frac{\Delta A/A}{\Delta F/F}\qquad(7.3)$$

式中 $\Delta F/F$——不确定性因素 F 的变化率；

$\Delta A/A$——不确定性因素 F 发生 ΔF 变化时，评价指标 A 的相应变化率。

2. 临界点（转换值）系指不确定性因素的变化使项目由可行变为不可行的临界数值，一般采用不确定性因素相对基本方案的变化率或其对应的具体数值表示。临界点可通过敏感性分析图得到近似值，也可采用试算法求解。

敏感性分析的计算结果，应采用敏感性分析表和敏感性分析图（见附录B表B22、图B2）表示。敏感度系数和临界点分析的结果，应采用敏感度系数和临界点分析（见附录B表B23）表示。

7.4 影响项目实现预期经济目标的风险因素来源于法律法规及政策、市场供需、资源开发与利用、技术的可靠性、工程方案、融资方案、组织管理、环境与社会、外部配套条件等一个方面或几个方面。影响项目效益的风险因素可归纳为下列内容：

1. 项目收益风险：产出品的数量（服务量）与预测（财务与经济）价格；

2. 建设风险：建筑安装工程量、设备选型与数量、土地征用和拆迁安置费、人工、材料价格、机械使用费及取费标准等；

3. 融资风险：资金来源、供应量与供应时间等；

4. 建设工期风险：工期延长；

5. 运营成本费用风险：投入的各种原料、材料、燃料、动力的需求量与预测价格、劳动力工资、各种管理费取费标准等；

6. 政策风险：税率、利率、汇率及通货膨胀率等。

7.5 风险识别应采用系统论的观点对项目全面考察综合分析，找出潜在的各种风险因素，并对各种风险进行比较、分类，确定各因素间的相关性与独立性，判断其发生的可能性及对项目的影响程度，按其重要性进行排队，或赋予权重。敏感性分析是初步识别风险因素的重要手段。

7.6 风险估计应采用主观概率和客观概率的统计方法，确定风险因素的概率分布，运用数理统计分析方法，计算项目评价指标相应的概率分布或累计概率、期望值、标准差。

7.7 风险评价应根据风险识别和风险估计的结果，依据项目风险判别标准，找出影响项目成败的关键风险因素。项目风险大小的评价标准应根据风险因素发生的可能性及其造成的损失来确定，一般采用评价指标的概率分布或累计概率、期望值、标准差作为判别标准，也可采用综合风险等级作为判别标准。具体操作应符合下列要求：

1. 以评价指标作判别标准：

1)财务（经济）内部收益率大于等于财务基准收益率（社会折现率）的累计概率值越大，风险越小；标准差越小，风险越小；

2)财务（经济）净现值大于等于零的累计概率值越大，风险越小；标准差越小，风险越小。

2. 以综合风险等级作判别标准。根据风险因素发生的可能性及其造成损失的程度，建立综合风险等级的矩阵，将综合风险分为 K 级、M 级、T 级、R 级、I 级（见附录 B 表 B24 综合风险等级分类表）。

7.8 风险应对根据风险评价的结果，研究规避、控制与防范风险的措施，为项目全过程风险管理提供依据。具体应关注下列方面：

1. 风险应对的原则：应具有针对性、可行性、经济性，并贯穿于项目评价的全过程。

2. 决策阶段风险应对的主要措施：强调多方案比选；对潜在风险因素提出必要研究与试验课题；对投资估算与财务（经济）分析，应留有充分的余地；对建设或生产经营期的潜在风险可建议采取回避、转移、分担和自担措施。

3. 结合综合风险因素等级的分析结果，应提出下列应对方案：

K 级：风险很强，出现这类风险就要放弃项目；

M 级：风险强，修正拟议中的方案，通过改变设计或采取补偿措施等；

T 级：风险较强，设定某些指标的临界值，指标一旦达到临界值，就要变更设计或对负面影响采取补偿措施；

R 级：风险适度（较小），适当采取措施后不影响项目；

I 级：风险弱，可忽略。

7.9 常用的风险分析方法包括专家调查法、层次分析法、概率树、CIM 模型及蒙特卡罗模拟等分析方法，应根据项目具体情况，选用一种方法或几种方法组合使用。

7.10 根据项目特点及评价要求，风险分析可区别下列情况进行：

1. 财务风险和经济风险分析可直接在敏感性分析的基础上，采用概率树分析和蒙特卡罗模拟分析法，确定各变量（如收益、投资、工期、产量等）的变化区间及概率分布，计算项目内部收益率、净现值等评价指标的概率分布、期望值及标准差，并根据计算结果进行风险评估。

2. 建设项目需要进行专题风险分析时，风险分析应按本方法 7.5 ~7.8 条的步骤进行。

3. 在定量分析有困难时，可对风险采用定性的分析。

8 区域经济与宏观经济影响分析

8.1 区域经济影响分析系指从区域经济的角度出发，分析项目对所在区域乃至更大范围的经济发展的影响。

宏观经济影响分析系指从国民经济整体的角度出发，分析项目对国家宏观经济各方面的影响。

直接影响范围限于局部区域的项目应进行区域经济影响分析，直接影响国家经济全局的项目应进行宏观经济影响分析。

8.2 具备下列部分或全部特征的特大型建设项目应进行区域经济或宏观经济影响分析：

1. 项目投资巨大、工期超长（跨五年计划或十年规划）；

2. 项目实施前后对所在区域或国家的经济结构、社会结构以及群体利益格局等有较大改变；

3. 项目导致技术进步和技术转变，引发关联产业或新产业群体的发展变化；

4. 项目对生态与环境影响大，范围广；

5. 项目对国家经济安全影响较大；

6. 项目对区域或国家长期财政收支影响较大；

7. 项目的投入或产出对进出口影响大；

8. 其他对区域经济或宏观经济有重大影响的项目。

8.3 区域经济与宏观经济影响分析应立足于项目的实施能够促进和保障经济有序高效运行和可持续发展，分析重点应是项目与区域发展战略和国家长远规划的关系。分析内容应包括下列直接贡献和间接贡献、有利影响和不利影响：

1. 项目对区域经济或宏观经济的直接贡献通常表现在：促进经济增长，优化经济结构，提高居民收入，增加就业，减少贫困，扩大进出口，改善生态环境，增加地方或国家财政收入，保障国家经济安全等方面。

2. 项目对区域经济或宏观经济影响的间接贡献表现在：促进人口合理分布和流动，促进城市化，带动相关产业，克服经济瓶颈，促进经济社会均衡发展，提高居民生活质量，合理开发、有效利用资源，促进技术进步，提高产业国际竞争力等方面。

3. 项目可能产生的不利影响包括：非有效占用土地资源、污染环境、损害生态平衡、危害历史文化遗产；出现供求关系与生产格局的失衡，引发通货膨胀；冲击地方传统经济；产生新的相对贫困阶层及隐性失业；对国家经济安全可能带来的不利影响等。

8.4 区域经济与宏观经济影响分析应遵循系统性、综合性、定性分析与定量分析相结合的原则。

8.5 区域经济与宏观经济影响分析的指标体系宜由下列总量指标、结构指标、社会与环境指标和国力适应性指标构成：

1. 经济总量指标反映项目对国民经济总量的贡献，包括增加值、净产值、纯收入、财政收入等经济指标。总量指标可使用当年值、净现值总额和折现年值。

2. 经济结构指标反映项目对经济结构的影响，主要包括三次产业结构、就业结构、影响力系数等指标。

3. 社会与环境指标主要包括就业效果指标、收益分配效果指标、资源合理利用指标和环境影响效果指标等。为了分析项目对贫困地区经济的贡献，可设置贫困地区收益分配比重指标。

4. 国力适应性指标表示国家的人力、物力和财力承担重大项目的能力，一般用项目使用的资源占全部资源总量的百分比或财政资金投入占财政收入或支出的百分比表示。

以上各项指标应与国家统计部门的统计口径一致。

8.6 区域经济与宏观经济的影响分析，可将项目的总产出、总投入、资源、劳动力、进出口总额等作为区域或宏观经济的增量，通过建立各种既有科学依据，又反映项目特点的经济数学模型，分别计算"有项目"与"无项目"时的经济总量指标、经济结构指标、社会与环境指标及国力适应性指标，并根据有无对比原则进行分析。

常用的经济数学模型包括经济计量模型、经济递推优化模型、全国或地区投入产出模型、系统动力学模型和动态系统计量模型等。

区域经济与宏观经济影响分析通常宜做专题研究。

9 方案经济比选

9.1 方案经济比选是寻求合理的经济和技术方案的必要手段，也是项目评价的重要内容。项目经济评价中宜对互斥方案和可转化为互斥型方案的方案进行比选。

9.2 备选方案应满足下列条件：

1. 备选方案的整体功能应达到目标要求；

2. 备选方案的经济效率应达到可以被接受的水平；

3. 备选方案包含的范围和时间应一致，效益和费用计算口径应一致。

9.3 方案经济比选可采用下列效益比选法、费用比选法和最低价格法：

1. 效益比选方法包括净现值比较法、净年值比较法、差额投资内部收益率比较法：

1)净现值比较法，比较备选方案的财务净现值或经济净现值，以净现值大的方案为优。比较净现值时应采用相同的折现率。

2)净年值比较法，比较备选方案的净年值，以净年值大的方案为优。比较净年值时应采用相同的折现率。

3)差额投资财务内部收益率法，使用备选方案差额现金流，应按下式计算：

$$\sum_{t=1}^{n}[(CI-CO)_{大}-(CI-CO)_{小}](1+\Delta FIRR)^{-t}=0 \qquad (9.3)$$

式中　$(CI-CO)_{大}$——投资大的方案的财务净现金流量；

$(CI-CO)_{小}$——投资小的方案的财务净现金流量；

$\Delta FIRR$——差额投资财务内部收益率。

计算差额投资财务内部收益率（$\Delta FIRR$），与设定的基准收益率（i_c）进行对比，当差额投资财务内部收益率大于或等于设定的基准收益率时，以投资大的方案为优，反之，投资小的方案为优。在进行多方案比较时，应先按投资大小，由小到大排序，再依次就相邻方案两两比较，从中选出最优方案。

4）差额投资经济内部收益率（$\Delta EIRR$）法，可采用经济净现金流量替代式（9.3）中的财务净现金流量，进行方案比选。

2. 费用比选方法包括费用现值比较法、费用年值比较法：

1）费用现值比较法，计算备选方案的总费用现值并进行对比，以费用现值较低的方案为优。

2）费用年值比较法，计算备选方案的费用年值并进行对比，以费用年值较低的方案为优。

3. 最低价格（服务收费标准）比较法，在相同产品方案比选中，以净现值为零推算备选方案的产品最低价格（P_{min}），应以最低产品价格较低的方案为优。

9.4　在多方案比较中，应分析不确定性因素和风险因素对方案比选的影响，判断其对比较结果的影响程度，必要时，应进行不确定性分析或风险分析，以保证比选结果的有效性。在比选时应遵循效益与风险权衡的原则。不确定性因素下的方案比选可采用下列方法：

1. 折现率调整法，调高折现率使备选方案净现值变为零，折现率变动幅度小的方案风险大，折现率变动幅度大的方案风险小。

2. 标准差法，对备选方案进行概率分析，计算出评价指标的期望值和标准差，在期望值满足要求的前提下，比较其标准差，标准差较高者，风险相对较大。

3. 累计概率法，计算备选方案净现值大于或等于零的累计概率，估计方案承受风险的程度，方案的净现值大于或等于零的累计概率值越接近于1，说明方案的风险越小；反之，方案的风险大。

9.5　方案比选时应注意下列问题：

1. 备选方案提供的信息资料应可靠、均衡。

2. 同时进行财务分析和经济费用效益分析时，方案经济比选主要应按经济费用效益分析的结论选择方案。

3. 备选方案的经济指标的取值比较差异不大时，不能依此判定方案的优劣，只有经济指标的取值存在足够的差异，且估算和测算的误差不足以使评价结论出现逆转时，才能认定比较方案有显著的差异，并据此判定方案的优劣。

4. 备选方案的计算期不同时，宜采用净年值法和费用年值法。如果采用差额投资内部收益率法，可将各方案计算期的最小公倍数作为比较方案的计算期，或者以各方案中最短的计算期作为比较方案的计算期。在某些情况下还可采用研究期法。

5. 方案比选中经济评价指标的应用范围见附录 B 表 B25。

10 改扩建项目与并购项目经济评价特点

10.1 改扩建项目系指既有企业利用原有资产与资源，投资形成新的生产（服务）设施，扩大或完善原有生产（服务）系统的活动，包括改建、扩建、迁建和停产复建等，目的在于增加产品供给，开发新型产品，调整产品结构，提高技术水平，降低资源消耗，节省运行费用，提高产品质量，改善劳动条件，治理生产环境等。

10.2 改扩建项目具有下列特点：

1. 项目是既有企业的有机组成部分，同时项目的活动与企业的活动在一定程度上是有区别的；

2. 项目的融资主体是既有企业，项目的还款主体是既有企业；

3. 项目一般要利用既有企业的部分或全部资产与资源，且不发生资产与资源的产权转移；

4. 建设期内既有企业生产（运营）与项目建设一般同时进行。

10.3 改扩建项目经济评价应正确识别与估算“无项目”、“有项目”、“现状”、“新增”、“增量”等五种状态下的资产、资源、效益与费用。“无项目”与“有项目”的口径与范围应当保持一致。避免费用与效益误算、漏算或重复计算。对于难于计量的费用和效益，可做定性描述。

10.4 改扩建项目应明确界定项目效益和费用范围。

在财务分析中，效益和费用的范围指项目活动的直接影响范围。局部改扩建项目范围只包括既有企业的一部分，整体改扩建项目范围包含整个既有企业。

在经济费用效益分析中，效益和费用范围指项目活动的直接和间接影响的范围。

在保证不影响分析结果的情况下尽可能缩小项目的范围。

10.5 改扩建项目财务分析采用一般建设项目财务分析的基本原理和分析指标。由于项目与既有企业既有联系又有区别，一般可进行下列两个层次的分析：

1. 项目层次：盈利能力分析，遵循“有无对比”的原则，利用“有项目”与“无项目”的效益与费用计算增量效益与增量费用，用于分析项目的增量盈利能力，并作为项目决策的主要依据之一；清偿能力分析，分析“有项目”的偿债能力，若“有项目”还款资金不足，应分析“有项目”还款资金的缺口，即既有企业应为项目额外提供的还款资金数额；财务生存能力分析，分析“有项目”的财务生存能力。符合简化条件时，项目层次分析可直接用“增量”数据和相关指标进行分析。

2. 企业层次：分析既有企业以往的财务状况与今后可能的财务状况，了解企业生产与经营情况、资产负债结构、发展战略、资源利用优化的必要性、企业的信用等。特别关注企业为项目的融资能力、企业自身的资金成本或同项目有关的资金机会成本。有条件时要分析既有企业包括项目债务在内的还款能力。

10.6 改扩建项目应分析项目对既有企业的贡献。通过计算项目实施后既有企业的营业收入、利润总额等指标的“新增”数据及相关增长率，估算项目投资活动对既有企业财务状况改善的贡献。

10.7 改扩建项目的经济费用效益分析应采用一般建设项目的经济费用效益分析原理，其分析指标为增量经济净现值和经济内部收益率。关键是应正确识别“有项目”与“无项目”的经济效益和经济费用。

10.8 进行改扩建项目的既有企业条件各异，应根据项目目的、项目层次与企业层次财务分析的结果、经济费用效益分析的结果，结合不确定性分析和风险分析的结果，以及项目对企业的贡献等，统筹兼顾，进行多指标投融资决策。

10.9 符合下列特定条件之一的改扩建项目，可按一般建设项目经济评价的方法，简化处理：

1. 项目的投入和产出与既有企业的生产经营活动相对独立；
2. 以增加产出为目的的项目，增量产出占既有企业产出比例较小；
3. 利用既有企业的资产与资源量与新增量相比较小；
4. 效益和费用的增量流量较容易确定；
5. 其他特定情况。

10.10 改扩建项目经济评价所用的表格可参照财务分析表格和经济费用效益分

析表格，所用指标也与一般建设项目相同。一般情况下，财务（经济）效益与费用宜分别单列“有项目”与“无项目”的流入与流出表格。

10.11 改扩建项目经济评价应处理好计算期的可比性、原有资产利用、停产减产损失和沉没成本等问题。

10.12 并购项目系指既有企业通过投资兼并或收购目标企业，获得目标企业的部分或全部产权的项目。并购的目的在于扩大既有企业规模，提高既有企业效率，减少竞争对手，取得管理、经营、财务协同效益，增强既有企业的竞争能力，同时维持或改进目标企业原有的生产系统。

10.13 并购项目经济评价主要包括下列内容：

1. 分析目标企业所处行业地位、竞争对手、行业发展趋势、市场格局与前景；

2. 分析目标企业经营管理现状、资产与债务结构、盈利能力、管理水平，并预测发展前景；

3. 分析既有企业管理能力与水平、财务状况、品牌商誉、市场份额、融资能力、企业现状等；

4. 测算并购成本；

5. 测算改组改造所需投资；

6. 预测并购收益和经营费用；

7. 构造并购后的现金流量表，依据内部收益率等指标判断并购的可行性；

8. 并购风险分析。

10.14 并购项目一般只做财务分析，分析财务效益、资产经营效益和发展速度等。对于影响行业结构和地区发展的重大并购项目，还应做经济费用效益分析，判断并购产生的失业、垄断等后果的社会承受能力。

10.15 并购成本包括产权交易价格、并购后对目标企业的投资（包括对目标企业改造、改组、人员安置与遣散费用等）、咨询费、律师费、佣金等。

10.16 产权交易价格以目标企业价值评估为基础，企业价值可分为基础价值、内在价值和市场价值三个层次。产权交易价格估算可采用下列方法：

1. 收益现值法，从目标企业未来收益的角度，在企业“持续经营”的假定前提下，将目标企业未来预测的现金流量进行折现，计算目标企业的收益净现值，作为目标企业的内在价值。

收益现值法中所采用的折现率应为目标企业的加权平均资金成本。

2. 账面价值调整法，从资产成本的角度，用重置成本法和资产变现法调整账面价值，用调整后的目标企业资产净值估算企业基础价值。

账面价值调整法在组织资本创造价值较大时失效，不适用于高科技企业和服务类企业。

3. 市场比较法，比较目标企业与类似的可比上市公司或已交易的非上市公司的财务比率，将财务比率的比值乘以目标企业的当期收益（或净资产），计算出目标企业的市场价值。

10.17 并购效益包括企业自身的效益以及并购带来的企业整体协同效益。

并购给企业自身带来的效益包括资本经营效益、市场增加值和经济增加值；并购带来的企业整体协同效益包括财务协同效应和经营协同效应。有条件时可用有无对比法估算协同效应。

10.18 并购风险分析包括融资风险分析、经营风险分析、政策风险分析和市场风险分析等；重点应分析资本结构的合理性，并充分考虑并购项目的不可预见成本。

11　部分行业项目经济评价的特点

11.1 交通、电信、农业、教育、卫生、水利、林业、市政、房地产等行业的建设项目应遵循本方法前十章的原则和基本方法，同时，可根据行业特点，在评价方法、费用效益识别和估算方面另行规定。本章仅列举几个行业的项目特点，项目经济评价的特点以及主要的效益和费用。

11.2 交通运输项目包括铁路、公路、水运和民航等基础设施项目。交通运输项目一般具有下列特点：

1. 交通运输项目具有前期投资大、建设周期长、网络效益强、受益主体广、外部效果显著等特点。

2. 交通运输项目应以经济费用效益分析为主，有营业收入的项目还应进行财务分析。重大交通运输项目必须进行区域经济与宏观经济影响分析。

3. 交通运输项目的经济效益，主要体现在改善网络结构、扩大网络运输能力而产生的正常运输量、转移运输量和诱发运输量所引起的节约运输费用、节省运输时间、减少交通事故、降低设施设备维护（养护）费用、改善运输服务质量等方面。

4. 交通运输项目的财务效益为收取的道路、桥梁、港口、机场使用费或通行费等。

5. 交通运输项目的区域经济或宏观经济影响效益主要体现在改善路网结构、促进资源利用开发、推动区域社会经济发展等效果。

6. 交通运输项目的费用，主要包括征地拆迁安置费用、线路和枢纽建设费用、相关配套设施设备投资、项目运营费用及维护（养护）费用等。

11.3 电信项目包括固定通信、移动通信、数据通信、传输网等项目。电信项目一般具有下列特点：

1. 电信项目具有普遍服务性、全程全网、外部效果显著等特点。

2. 全局性的电信项目一般应进行财务分析和经济费用效益分析；涉及局部的电信项目可只进行财务分析。

3. 电信项目的经济效益包括改善通信条件、提高服务质量、优化网络结构、增加服务内容、提高社会生活质量、提高社会生产效率、降低社会生产成本等。

4. 电信项目的财务效益为出售电信产品和提供电信服务的收入，以及降低电信成本的效益。

5. 电信项目费用包括网络建设费用、网络运行维护费用，以及其他费用。

11.4 农业项目包括农业生产、农产品加工、农田水利灌溉和畜牧业等项目，通常都是综合开发项目。农业项目一般具有下列特点：

1. 农业项目具有受自然因素影响大、项目收益预见性相对较弱，风险相对较大；项目建设周期长，建设期与生产期可能交错；双层经营管理体制、分级管理分级核算等特点。

2. 农业项目的经济评价应分别对项目层和经营层进行财务分析。项目层的财务分析通过估算费用效益，判断整个项目的财务可行性；经营层的财务分析，考察单个工程财务状况和农民获得的收益和负担的费用。运行费用自给或以收益偿还贷款的项目，应进行费用平衡分析和债务清偿能力分析。无财务收益的农业项目，一般不做财务分析，只估算运行费用，必要时可做经济费用效益分析。

3. 农业项目的效益包括农业产出增加、品种改良、成本节约、质量改善、防洪除涝所避免的损失、水土保持效益及其他有形收益。

4. 农业项目的费用包括建筑工程费，机电设备及安装工程费，临时工程费，水库淹没处理补偿费，土地、种畜和草地改良费等，以及运营费和综合经营所发生的各项费用。

5. 农业生产具有明显的季节性和时间性，投入与产出不同步，产出时间较为集中，因而流动资金的估算要根据生产运行情况确定，不能采用工业项目的方法。

11.5 教育项目包括城市和农村的基础教育、中等教育（包括师范教育和职业教育）、高等教育等项目，其中基础教育主要依靠国家和地方财政支持。教育项目一般具有下列特点：

1. 教育项目具有外部效果显著、收益时间滞后、受益对象广泛等特点。

2. 教育项目分为非经营性和经营性两种。经营性项目应进行财务分析；非经营性项目应以经济费用效益分析为主，主要采用费用效果分析方法和费用效益分析方法，并通过费用平衡分析评价项目的财务可持续性。

3. 教育项目的内部效益一般包括提高教育系统效率、增加教育收入等；外部效益一般包括增加受教育者收入，提高社会劳动生产率、推动社会技术进步、降低犯罪率等社会得到的效益。

4. 教育项目的费用包括土地、设施、设备和材料、教职工的工资、接受教育者的投入，以及维护运营费用等。

11.6 卫生保健项目包括医院、社区保健站、卫生防疫、疾病控制系统等项目。卫生保健项目一般具有下列特点：

1. 卫生保健项目具有外部效果显著、效益难以用货币计量等特点。

2. 卫生保健项目可以分为非经营性和经营性两种类型。经营项目应进行财务分析；非经营性项目应以经济费用效益分析为主，有条件的可以做财务生存能力分析。

3. 卫生保健项目的经济效益包括降低医疗费用、提高服务效率、改善服务质量、延续社会成员平均寿命、降低患病率和死亡率、缩短患病天数等。

4. 卫生保健项目的费用包括土地费用、房屋建筑费、设备设施费、卫生研究和发展费、医用材料费、医疗业务费、培训费用等。

11.7 水利项目包括防洪、治涝、灌溉、水土保持、供水、发电、航运等单个项目或综合项目。水利项目一般具有下列特点：

1. 水利项目具有外部效果显著，自身财务效益不明显，建设期和运营期相对较长等特点。

2. 水利项目应以经济费用效益分析为主。供水、发电、灌溉等有一定财务效益的水利项目尚应进行财务分析。防洪、治涝等公益性水利项目尚应进行费用平衡分析，以测算补贴额。综合利用水利枢纽项目应作为一个系统进行总体评价，同时对各主要功能按投资分摊结果分别进行经济评价。重大水利项目必须进行区域经济与宏观经济影响分析。

3. 水利项目的效益受水文现象影响较大，应采用频率法或系列法计算多年平均效益，作为项目评价的基础。对于防洪、治涝、灌溉、供水等项目还应计算设计年及特大洪涝年或特大干旱年的效益。

4. 水利项目的经济效益，主要有减少国民经济与社会财产损失（如防洪治涝项目）、为经济社会发展提供水利水电产品、增加经济收入几个方面。水利项目的经济效益应按各功能分别计算，综合利用水利枢纽项目还应计算项目的整体效益。

5. 水利项目的财务效益包括出售水利产品及提供服务所得的收入。计算财务收入采用的价格应根据政策规定，遵循补偿成本、合理收益、优质优价、公平负担的原则，并分析用户的承受能力。

6. 水利项目的费用包括移民搬迁安置、土地占用、工程建设、项目运行维护费用等。

11.8 林业项目包括森林营造、林业加工、林纸一体化、保护区建设、森林旅游等项目。林业项目一般具有下列特点：

1. 林业项目具有公益性、综合性、分类经营、分级管理、建设周期长、受自然影响大等特点。许多林业项目兼具公益性和盈利性。

2. 林业项目应以经济费用效益分析为主。林业加工等有一定财务效益的项目，尚应进行财务分析；生态林营造等公益性项目，尚应进行费用平衡分析，以测算补贴额。重大林业项目还必须进行区域经济影响分析。

3. 林业项目的经济效益包括水土保持、防风固沙、涵养水源、净化空气、改善生态环境、增加森林资源、美化自然环境等的效益。

4. 林业项目的财务效益包括出售林业产品、林业加工产品及提供服务所得的收入。

5. 林业项目的费用包括移民搬迁安置、土地土壤改良、造林费用、森林保护、工程建设、项目运行维护费用等。

11.9 市政公用设施项目包括给水、排水、道桥、燃气、供热、快速轨道交通、垃圾处理等单个或综合项目。市政公用设施项目一般具有下列特点：

1. 市政公用设施项目具有服务公用性、自然垄断性、网络系统性、外部效果显著以及沉淀资本大、价格受管制等特点。市政项目应与城市规划相结合。

2. 市政公用设施项目应按收费与否选择经济评价内容。收费项目一般要求进行财务分析和经济费用效益分析；不收费项目一般只进行经济费用效益分析，但应安排债务偿还计划及运营费用来源，进行费用平衡分析或费用效果分析。效果难以量化时应进行定性分析。

3. 市政公用设施项目经济评价一般应包括处理厂（设施）与网（管、路）的综合分析，必要时厂与网也可分别进行经济评价。

4. 市政公用设施项目的经济效益表现为促进城镇社会经济发展、合理利用自然资源、减少环境污染损失以及提高人民群众生活水平和生活质量。

5. 市政公用设施项目的财务收入表现为提供营业收入和补贴收入。

6. 市政公用设施项目的费用包括土建费用、设备购置费用、安装工程费、生产（运营）费用及其他费用。

7. 市政公用设施项目的价格应根据政府政策、消费者支付意愿和承受能力，遵循补偿成本、保本微利、节约资源、公平负担原则测算。具备条件时，可分别针对不同用户测算不同价格。

11.10 房地产开发项目一般由生地、毛地、熟地、在建工程和建成后的物业（含土地）等单个项目或综合项目组成。房地产开发项目一般具有下列特点：

1. 房地产开发项目具有产品不可移动性、保值增值性、区域性、政策影响性、相互影响性、建设与经营同步性等特点，多数房地产项目还具有计算期短的特点。

2. 房地产开发项目一般只进行财务分析，涉及区域开发的项目还应进行综合分析。

3. 房地产开发项目的资金可来源于商品房合法预售所得款。

4. 房地产开发项目分为出售型、出租型和混合型。项目的收益和成本分摊方式依据项目类型而不同。自营部分的投资可转换成项目的固定资产，出售、出租部分的投资转换成开发成本。开发企业大量的资产以流动资产的形式存在。

5. 房地产开发项目不按租售合同而按实际可能得到的财务收入估算现金流入，并依此估算经营成本。

6. 房地产开发项目的效益一般为售房收入、租房收入、土地（生地或熟地）出让收入、配套设施出售（租）收入以及自营收入。

7. 房地产开发项目总成本费用主要包括开发建设期间发生的开发产品成本和经营期间发生的运营费用、修理费用等。

8. 房地产开发项目除缴纳流转税和所得税外，尚需缴纳土地增值税、城镇土地使用税、耕地占用税、房产税等。

附录A

表A　建设项目经济评价内容选择参考表

项目类型 \ 分析内容			财务分析			经济费用效益分析	费用效果分析	不确定性分析	风险分析	区域经济与宏观经济影响分析
			生存能力分析	偿债能力分析	盈利能力分析					
政府投资	直接投资	经营	☆	☆	☆	☆	△	☆	△	△
		非经营	☆	△		☆	☆	△	△	△
	资本金	经营	☆	☆	☆	☆	△	☆	△	△
		非经营	☆	△		☆	☆	△	△	△
	转贷	经营	☆	☆	☆	☆	△	☆	△	△
		非经营	☆	☆		☆	☆	△	△	△
	补助	经营	☆	☆	☆	☆	△	☆	△	△
		非经营	☆	☆		☆	☆	△	△	△
	贴息	经营	☆	☆	☆	☆	△	☆	△	△
		非经营								
企业投资（核准制）		经营	☆	☆	☆	△	△	☆	△	△
企业投资（备案制）		经营	☆	☆	☆	△	△	☆	△	

注：1. 表中☆代表要做；△代表根据项目的特点，有要求时做，无要求时可以不做。具体使用的指标见相关分析条文。

2. 企业投资项目的经济评价内容可根据规定要求进行，一般按经营性项目选用，非经营项目可参照政府投资项目选取评价内容。

附录 B

表 B1 建设投资估算表（概算法）

人民币单位：万元，外币单位：

序号	工程或费用名称	建筑工程费	设备购置费	安装工程费	其他费用	合计	其中：外币	比例（%）
1	工程费用							
1.1	主体工程							
1.1.1	×××							
	……							
1.2	辅助工程							
1.2.1	×××							
	……							
1.3	公用工程							
1.3.1	×××							
	……							
1.4	服务性工程							
1.4.1	×××							
	……							
1.5	厂外工程							
1.5.1	×××							
	……							
1.6	×××							
2	工程建设其他费用							
2.1	×××							
	……							
3	预备费							
3.1	基本预备费							
3.2	涨价预备费							
4	建设投资合计							
	比例（%）							100%

注：1. “比例”分别指各主要科目的费用（包括横向和纵向）占建设投资的比例。

2. 本表适用于新设法人项目与既有法人项目的新增建设投资的估算。

3. “工程或费用名称”可依不同行业的要求调整。

表 B2　建设投资估算表（形成资产法）

人民币单位：万元，外币单位：

序号	工程或费用名称	建筑工程费	设备购置费	安装工程费	其他费用	合计	其中：外币	比例（%）
1	固定资产费用							
1.1	工程费用							
1.1.1	×××							
1.1.2	×××							
1.1.3	×××							
	……							
1.2	固定资产其他费用							
	×××							
	……							
2	无形资产费用							
2.1	×××							
	……							
3	其他资产费用							
3.1	×××							
	……							
4	预备费							
4.1	基本预备费							
4.2	涨价预备费							
5	建设投资合计							
	比例（%）							100%

注：1. “比例”分别指各主要科目的费用（包括横向和纵向）占建设投资的比例。

2. 本表适用于新设法人项目与既有法人项目的新增建设投资的估算。

3. “工程或费用名称”可依不同行业的要求调整。

表 B3 建设期利息估算表

人民币单位：万元

序号	项目	合计	建设期					
			1	2	3	4	……	n
1	借款							
1.1	建设期利息							
1.1.1	期初借款余额							
1.1.2	当期借款							
1.1.3	当期应计利息							
1.1.4	期末借款余额							
1.2	其他融资费用							
1.3	小计（1.1+1.2）							
2	债券							
2.1	建设期利息							
2.1.1	期初债务余额							
2.1.2	当期债务金额							
2.1.3	当期应计利息							
2.1.4	期末债务余额							
2.2	其他融资费用							
2.3	小计（2.1+2.2）							
3	合计（1.3+2.3）							
3.1	建设期利息合计（1.1+2.1）							
3.2	其他融资费用合计（1.2+2.2）							

注：1. 本表适用于新设法人项目与既有法人项目的新增建设期利息的估算。

2. 原则上应分别估算外汇和人民币债务。

3. 如有多种借款或债券，必要时应分别列出。

4. 本表与财务分析表 B15“借款还本付息计划表”可二表合一。

表 B4　流动资金估算表

人民币单位：万元

序号	项　目	最低周转天数	周转次数	计　算　期					
				1	2	3	4	……	n
1	流动资产								
1.1	应收账款								
1.2	存货								
1.2.1	原材料								
1.2.2	×××								
	……								
1.2.3	燃料								
	×××								
	……								
1.2.4	在产品								
1.2.5	产成品								
1.3	现金								
1.4	预付账款								
2	流动负债								
2.1	应付账款								
2.2	预收账款								
3	流动资金（1－2）								
4	流动资金当期增加额								

注：1. 本表适用于新设法人项目与既有法人项目的“有项目”、“无项目”和增量流动资金的估算。

2. 表中科目可视行业变动。

3. 如发生外币流动资金，应另行估算后予以说明，其数额应包含在本表数额内。

4. 不发生预付账款和预收账款的项目可不列此两项。

表 B5　项目总投资使用计划与资金筹措表

人民币单位：万元，外币单位：

序号	项　　目	合　计			1			……		
		人民币	外币	小计	人民币	外币	小计	人民币	外币	小计
1	总投资									
1.1	建设投资									
1.2	建设期利息									
1.3	流动资金									
2	资金筹措									
2.1	项目资本金									
2.1.1	用于建设投资									
	××方									
	……									
2.1.2	用于流动资金									
	××方									
	……									
2.1.3	用于建设期利息									
	××方									
	……									
2.2	债务资金									
2.2.1	用于建设投资									
	××借款									
	××债券									
	……									
2.2.2	用于建设期利息									
	××借款									
	××债券									
	……									
2.2.3	用于流动资金									
	××借款									
	××债券									
	……									
2.3	其他资金									
	×××									
	……									

注：1. 本表按新增投资范畴编制。

2. 本表建设期利息一般可包括其他融资费用。

3. 对既有法人项目，项目资本金中可包括新增资金和既有法人货币资金与资产变现或资产经营权变现的资金，可分别列出或加以文字说明。

表 B6　营业收入、营业税金及附加和增值税估算表

人民币单位：万元

序号	项　　目	合计	计　算　期					
			1	2	3	4	……	n
1	营业收入							
1.1	产品 A 营业收入							
	单价							
	数量							
	销项税额							
1.2	产品 B 营业收入							
	单价							
	数量							
	销项税额							
	……							
2	营业税金与附加							
2.1	营业税							
2.2	消费税							
2.3	城市维护建设税							
2.4	教育费附加							
3	增值税							
	销项税额							
	进项税额							

注：1. 本表适用于新设法人项目与既有法人项目的“有项目”、“无项目”和增量的营业收入、营业税金与附加和增值税估算。

2. 根据行业或产品的不同可增减相应税收科目。

表 B7 总成本费用估算表（生产要素法）

人民币单位：万元

序号	项目	合计	计算期					
			1	2	3	4	……	n
1	外购原材料费							
2	外购燃料及动力费							
3	工资及福利费							
4	修理费							
5	其他费用							
6	经营成本(1+2+3+4+5)							
7	折旧费							
8	摊销费							
9	利息支出							
10	总成本费用合计(6+7+8+9)							
	其中：可变成本							
	固定成本							

注：本表适用于新设法人项目与既有法人项目的“有项目”、“无项目”和增量成本费用的估算。

表 $B7_{基1}$ 外购原材料费估算表

人民币单位：万元

序号	项目	合计	计算期					
			1	2	3	4	……	n
1	外购原材料费							
1.1	原材料 A							
	单价							
	数量							
	进项税额							
1.2	原材料 B							
	单价							
	数量							
	进项税额							
	……							
2	辅助材料费用							
	进项税额							
3	其他							
	进项税额							
4	外购原材料费合计							
5	外购原材料进项税额合计							

注：本表适用于新设法人项目与既有法人项目的“有项目”、“无项目”和增量外购原材料费的估算。

表 B7$_{基2}$ 外购燃料和动力费估算表

人民币单位：万元

序号	项目	合计	计算期					
			1	2	3	4	……	n
1	燃料费							
1.1	燃料 A							
	单价							
	数量							
	进项税额							
	……							
2	动力费							
2.1	动力 A							
	单价							
	数量							
	进项税额							
	……							
3	外购燃料及动力费合计							
4	外购燃料及动力进项税额合计							

注：本表适用于新设法人项目与既有法人项目的“有项目”、“无项目”和增量外购燃料动力费的估算。

表 B7$_{基3}$ 固定资产折旧费估算表

人民币单位：万元

序号	项目	合计	计算期					
			1	2	3	4	……	n
1	房屋、建筑物							
	原值							
	当期折旧费							
	净值							
2	机器设备							
	原值							
	当期折旧费							
	净值							
	……							
3	合计							
	原值							
	当期折旧费							
	净值							

注：本表适用于新设法人项目固定资产折旧费的估算，以及既有法人项目的“有项目”、“无项目”和增量固定资产折旧费的估算。当估算既有法人项目的“有项目”固定资产折旧费时，应将新增和利用原有部分固定资产分别列出，并分别计算折旧费。

表 B7$_{基4}$ 无形资产和其他资产摊销估算表

人民币单位：万元

序号	项目	合计	计算期					
			1	2	3	4	……	n
1	无形资产							
	原值							
	当期摊销费							
	净值							
2	其他资产							
	原值							
	当期摊销费							
	净值							
	……							
3	合计							
	原值							
	当期摊销费							
	净值							

注：本表适用于新设法人项目摊销费的估算，以及既有法人项目的“有项目”、“无项目”和增量摊销费的估算。当估算既有法人项目的“有项目”摊销费时，应将新增和利用原有部分的资产分别列出，并分别计算摊销费。

表 B7$_{基5}$ 工资及福利费估算表

人民币单位：万元

序号	项目	合计	计算期					
			1	2	3	4	……	n
1	工人							
	人数							
	人均年工资							
	工资额							
2	技术人员							
	人数							
	人均年工资							
	工资额							
3	管理人员							
	人数							
	人均年工资							
	工资额							
4	工资总额（1+2+3）							
5	福利费							
6	合计（4+5）							

注：1. 本表适用于新设法人项目工资及福利费的估算，以及既有法人项目的“有项目”、“无项目”和增量工资及福利费的估算。

2. 外商投资项目取消福利费科目。

表 B8　总成本费用估算表（生产成本加期间费用法）

人民币单位：万元

序号	项　　目	合计	计　算　期					
			1	2	3	4	……	n
1	生产成本							
1.1	直接材料费							
1.2	直接燃料及动力费							
1.3	直接工资及福利费							
1.4	制造费用							
1.4.1	折旧费							
1.4.2	修理费							
1.4.3	其他制造费							
2	管理费用							
2.1	无形资产摊销							
2.2	其他资产摊销							
2.3	其他管理费用							
3	财务费用							
3.1	利息支出							
3.1.1	长期借款利息							
3.1.2	流动资金借款利息							
3.1.3	短期借款利息							
4	营业费用							
5	总成本费用合计 (1+2+3+4)							
5.1	其中：可变成本							
5.2	固定成本							
6	经营成本 (5-1.4.1-2.1-2.2-3.1)							

注：1. 本表适用于新设法人项目与既有法人项目的“有项目”、“无项目”和增量总成本费用的估算。

2. 生产成本中的折旧费、修理费指生产性设施的固定资产折旧费和修理费。

3. 生产成本中的工资和福利费指生产性人员工资和福利费。车间或分厂管理人员工资和福利费可在制造费用中单独列项或含在其他制造费中。

4. 本表其他管理费用中含管理设施的折旧费、修理费以及管理人员的工资和福利费。

表 B9 项目投资现金流量表

人民币单位：万元

序号	项　目	合计	计　算　期					
			1	2	3	4	……	n
1	现金流入							
1.1	营业收入							
1.2	补贴收入							
1.3	回收固定资产余值							
1.4	回收流动资金							
2	现金流出							
2.1	建设投资							
2.2	流动资金							
2.3	经营成本							
2.4	营业税金及附加							
2.5	维持运营投资							
3	所得税前净现金流量(1－2)							
4	累计所得税前净现金流量							
5	调整所得税							
6	所得税后净现金流量(3－5)							
7	累计所得税后净现金流量							

计算指标：

项目投资财务内部收益率（%）（所得税前）

项目投资财务内部收益率（%）（所得税后）

项目投资财务净现值（所得税前）（i_c = %）

项目投资财务净现值（所得税后）（i_c = %）

项目投资回收期（年）（所得税前）

项目投资回收期（年）（所得税后）

注：1. 本表适用于新设法人项目与既有法人项目的增量和“有项目”的现金流量分析。

2. 调整所得税为以息税前利润为基数计算的所得税，区别于“利润与利润分配表”、“项目资本金现金流量表”和“财务计划现金流量表”中的所得税。

表 B10　项目资本金现金流量表

人民币单位：万元

序号	项　　目	合计	计　　算　　期					
			1	2	3	4	……	n
1	现金流入							
1.1	营业收入							
1.2	补贴收入							
1.3	回收固定资产余值							
1.4	回收流动资金							
2	现金流出							
2.1	项目资本金							
2.2	借款本金偿还							
2.3	借款利息支付							
2.4	经营成本							
2.5	营业税金及附加							
2.6	所得税							
2.7	维持运营投资							
3	净现金流量（1－2）							
计算指标： 资本金财务内部收益率（%）								

注：1. 项目资本金包括用于建设投资、建设期利息和流动资金的资金。

2. 对外商投资项目，现金流出中应增加职工奖励及福利基金科目。

3. 本表适用于新设法人项目与既有法人项目“有项目”的现金流量分析。

表 B11　投资各方现金流量表

人民币单位：万元

序号	项　目	合计	计　算　期					
			1	2	3	4	……	n
1	现金流入							
1.1	实分利润							
1.2	资产处置收益分配							
1.3	租赁费收入							
1.4	技术转让或使用收入							
1.5	其他现金流入							
2	现金流出							
2.1	实缴资本							
2.2	租赁资产支出							
2.3	其他现金流出							
3	净现金流量（1－2）							
计算指标： 投资各方财务内部收益率（%）								

注：本表可按不同投资方分别编制。

1. 投资各方现金流量表既适用于内资企业也适用于外商投资企业；既适用于合资企业也适用于合作企业。
2. 投资各方现金流量表中现金流入是指出资方因该项目的实施将实际获得的各种收入；现金流出是指出资方因该项目的实施将实际投入的各种支出。表中科目应根据项目具体情况调整。
   1）实分利润是指投资者由项目获取的利润。
   2）资产处置收益分配是指对有明确的合营期限或合资期限的项目，在期满时对资产余值按股比或约定比例的分配。
   3）租赁费收入是指出资方将自己的资产租赁给项目使用所获得的收入，此时应将资产价值作为现金流出，列为租赁资产支出科目。
   4）技术转让或使用收入是指出资方将专利或专有技术转让或允许该项目使用所获得的收入。

表 B12　利润与利润分配表

人民币单位：万元

序号	项　目	合计	计　算　期					
			1	2	3	4	……	n
1	营业收入							
2	营业税金及附加							
3	总成本费用							
4	补贴收入							
5	利润总额（1－2－3＋4）							
6	弥补以前年度亏损							
7	应纳税所得额（5－6）							
8	所得税							
9	净利润（5－8）							
10	期初未分配利润							
11	可供分配的利润（9＋10）							
12	提取法定盈余公积金							
13	可供投资者分配的利润（11－12）							
14	应付优先股股利							
15	提取任意盈余公积金							
16	应付普通股股利（13－14－15）							
17	各投资方利润分配：							
	其中：××方							
	××方							
18	未分配利润（13－14－15－17）							
19	息税前利润（利润总额＋利息支出）							
20	息税折旧摊销前利润（息税前利润＋折旧＋摊销）							

注：1. 对于外商投资项目由第 11 项减去储备基金、职工奖励与福利基金和企业发展基金（外商独资项目可不列入企业发展基金）后，得出可供投资者分配的利润。

2. 法定盈余公积金按净利润计提。

表 B13　财务计划现金流量表

人民币单位：万元

序号	项　　目	合计	计　　算　　期					
			1	2	3	4	……	n
1	经营活动净现金流量（1.1－1.2）							
1.1	现金流入							
1.1.1	营业收入							
1.1.2	增值税销项税额							
1.1.3	补贴收入							
1.1.4	其他流入							
1.2	现金流出							
1.2.1	经营成本							
1.2.2	增值税进项税额							
1.2.3	营业税金及附加							
1.2.4	增值税							
1.2.5	所得税							
1.2.6	其他流出							
2	投资活动净现金流量（2.1－2.2）							
2.1	现金流入							
2.2	现金流出							
2.2.1	建设投资							
2.2.2	维持运营投资							
2.2.3	流动资金							
2.2.4	其他流出							
3	筹资活动净现金流量（3.1－3.2）							
3.1	现金流入							
3.1.1	项目资本金投入							
3.1.2	建设投资借款							
3.1.3	流动资金借款							
3.1.4	债券							
3.1.5	短期借款							
3.1.6	其他流入							
3.2	现金流出							
3.2.1	各种利息支出							
3.2.2	偿还债务本金							
3.2.3	应付利润（股利分配）							
3.2.4	其他流出							
4	净现金流量（1＋2＋3）							
5	累计盈余资金							

注：1. 对于新设法人项目，本表投资活动的现金流入为零。

2. 对于既有法人项目，可适当增加科目。

3. 必要时，现金流出中可增加应付优先股股利科目。

4. 对外商投资项目应将职工奖励与福利基金作为经营活动现金流出。

表 B14　资产负债表

人民币单位：万元

序号	项　　目	计　　算　　期					
		1	2	3	4	……	n
1	资产						
1.1	流动资产总额						
1.1.1	货币资金						
1.1.2	应收账款						
1.1.3	预付账款						
1.1.4	存货						
1.1.5	其他						
1.2	在建工程						
1.3	固定资产净值						
1.4	无形及其他资产净值						
2	负债及所有者权益（2.4+2.5）						
2.1	流动负债总额						
2.1.1	短期借款						
2.1.2	应付账款						
2.1.3	预收账款						
2.1.4	其他						
2.2	建设投资借款						
2.3	流动资金借款						
2.4	负债小计（2.1+2.2+2.3）						
2.5	所有者权益						
2.5.1	资本金						
2.5.2	资本公积						
2.5.3	累计盈余公积金						
2.5.4	累计未分配利润						
计算指标： 资产负债率（%）							

注：1. 对外商投资项目，第2.5.3项改为累计储备基金和企业发展基金。

2. 对既有法人项目，一般只针对法人编制，可按需要增加科目，此时表中资本金是指企业全部实收资本，包括原有和新增的实收资本。必要时，也可针对“有项目”范围编制。此时表中资本金仅指“有项目”范围的对应数值。

3. 货币资金包括现金和累计盈余资金。

表 B15 借款还本付息计划表

人民币单位：万元

序号	项　　目	合计	计　算　期					
			1	2	3	4	……	n
1	借款 1							
1.1	期初借款余额							
1.2	当期还本付息							
	其中：还本							
	付息							
1.3	期末借款余额							
2	借款 2							
2.1	期初借款余额							
2.2	当期还本付息							
	其中：还本							
	付息							
2.3	期末借款余额							
3	债券							
3.1	期初债务余额							
3.2	当期还本付息							
	其中：还本							
	付息							
3.3	期末债务余额							
4	借款和债券合计							
4.1	期初余额							
4.2	当期还本付息							
	其中：还本							
	付息							
4.3	期末余额							
计算指标	利息备付率							
	偿债备付率							

注：1. 本表与财务分析辅助表 B3“建设期利息估算表”可合二为一。

2. 本表直接适用于新设法人项目，如有多种借款或债券，必要时应分别列出。

3. 对于既有法人项目，在按有项目范围进行计算时，可根据需要增加项目范围内原有借款的还本付息计算；在计算企业层次的还本付息时，可根据需要增加项目范围外借款的还本付息计算；当简化直接进行项目层次新增借款还本付息计算时，可直接按新增数据进行计算。

4. 本表可另加流动资金借款的还本付息计算。

表 B16　项目投资经济费用效益流量表

人民币单位：万元

序号	项　目	合计	计　算　期					
			1	2	3	4	……	n
1	效益流量							
1.1	项目直接效益							
1.2	资产余值回收							
1.3	项目间接效益							
2	费用流量							
2.1	建设投资							
2.2	维持运营投资							
2.3	流动资金							
2.4	经营费用							
2.5	项目间接费用							
3	净效益流量（1－2）							
计算指标： 经济内部收益率（%） 经济净现值（i_s = %）								

表 B17　经济费用效益分析投资费用估算调整表

人民币单位：万元

序号	项　目	财务分析			经济费用效益分析			经济费用效益分析比财务分析增减
		外币	人民币	合计	外币	人民币	合计	
1	建设投资							
1.1	建筑工程费							
1.2	设备购置费							
1.3	安装工程费							
1.4	其他费用							
1.4.1	其中：土地费用							
1.4.2	专利及专有技术费							
1.5	基本预备费							
1.6	涨价预备费							
1.7	建设期利息							
2	流动资金							
	合计（1+2）							

注：若投资费用是通过直接估算得到的，本表应略去财务分析的相关栏目。

表 B18　经济费用效益分析经营费用估算调整表

人民币单位：万元

序号	项　目	单位	投入量	财务分析		经济费用效益分析	
				单价（元）	成本	单价（元）	费用
1	外购原材料						
1.1	原材料 A						
1.2	原材料 B						
1.3	原材料 C						
1.4	……						
2	外购燃料及动力						
2.1	煤						
2.2	水						
2.3	电						
2.4	重油						
2.5	……						
3	工资及福利费						
4	修理费						
5	其他费用						
	合计						

注：若经营费用是通过直接估算得到的，本表应略去财务分析的相关栏目。

表 B19　项目直接效益估算调整表

人民币单位：万元

产出物名称			投产第一期负荷（%）				投产第二期负荷（%）				……	正常生产年份（%）			
			A 产品	B 产品	……	小计	A 产品	B 产品	……	小计		A 产品	B 产品	……	小计
年产出量	计算单位														
	国内														
	国际														
	合计														
财务分析	国内市场	单价(元)													
		现金收入													
	国际市场	单价(美元)													
		现金收入													
经济费用效益分析	国内市场	单价(元)													
		直接效益													
	国际市场	单价(美元)													
		直接效益													
合计（万元）															

注：若直接效益是通过直接估算得到的，本表应略去财务分析的相关栏目。

表 B20　项目间接费用估算表

人民币单位：万元

序号	项　　目	合计	计　　算　　期					
			1	2	3	4	……	n

表 B21　项目间接效益估算表

人民币单位：万元

序号	项　　目	合计	计　　算　　期					
			1	2	3	4	……	n

表 B22 敏感性分析表

变化因素＼变化率	−30%	−20%	0%	10%	20%	30%
基准折现率 i_c						
建设投资						
销售价格						
原材料成本						
汇率						
……						

表 B23 敏感度系数和临界点分析表

序号	不确定因素	变化率（%）	内部收益率	敏感度系数	临界点（%）	临界值
	基本方案					
1	产品产量（生产负荷）					
2	产品价格					
3	主要原材料价格					
4	建设投资					
5	汇率					
	……					

表 B24　综合风险等级分类表

综合风险等级		风险影响的程度			
		严重	较大	适度	轻微
风险的可能性	高	K	M	R	R
	较高	M	M	R	R
	适度	T	T	R	I
	低	T	T	R	I

表 B25　方案比选中经济评价指标的应用范围表

用途 \ 指标	净现值	内部收益率
方案比选（互斥方案选优）	无资金限制时，可选择 NPV 较大者	一般不直接用，可计算差额投资内部收益率（ΔIRR），当 $\Delta IRR \geqslant i_c$（i_s）时，以投资较大方案为优
项目排队（独立项目按优劣排序的最优组合）	不单独使用	一般不采用（可用于排除项目）

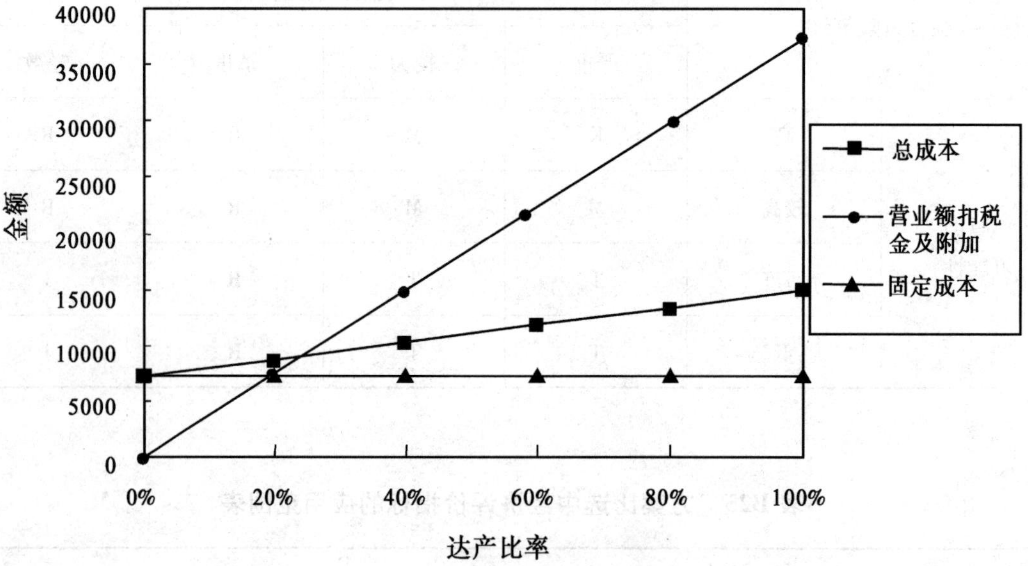

图 B1　盈亏平衡分析图（生产能力利用率）

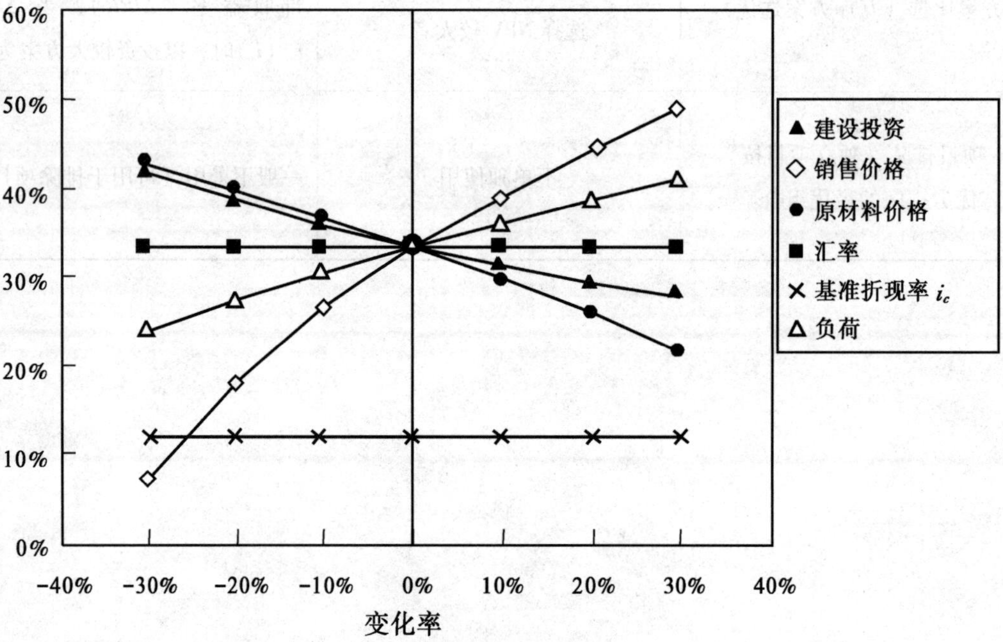

图 B2　敏感性分析图

附件三

建设项目经济评价参数

1　总　则

1.1　为满足政府和其他各类投资主体投资决策的需要，促进资源合理配置，提高投资效益，保证经济评价参数取值的合理性，增强经济评价结论的科学性，制定本经济评价参数。

1.2　建设项目经济评价参数系指用于计算、衡量建设项目费用与效益的主要基础数据，以及判断项目财务可行性和经济合理性的一系列评价指标的基准值和参考值。

1.3　建设项目经济评价参数适用于各类建设项目的规划、机会研究、项目建议书、可行性研究阶段的经济评价，项目中间评价和后评价可参照使用。

1.4　建设项目经济评价参数可按下列方式进行分类：

1. 按照使用范围，可分为财务评价参数和国民经济评价参数。用于建设项目财务评价的参数为财务评价参数；用于建设项目国民经济评价的参数为国民经济评价参数。

2. 按照使用功能，可分为计算参数和判据参数。用于项目费用和效益计算的参数为计算参数；用于比较项目优劣、判定项目可行性的参数为判据参数。

1.5　建设项目经济评价参数应根据国家与行业的发展战略与发展规划、国家的经济状况、资源供给状况、市场需求状况、各行业投资经济效益、投资风险、资金成本及项目投资者的实际需要进行测定。

1.6　建设项目经济评价参数的测定与选用，应遵循同期性、有效性、谨慎性和准确性原则，并结合项目所在地区、所处行业以及项目自身特点综合确定。

建设项目经济评价重在对事实与数据的分析，应避免主观随意性，不得简单套用参数。

1.7　建设项目经济评价参数具有时效性，应适时测算、发布并动态调整。一般情况下，有效期为1年。

2 财务评价参数

2.1 财务评价参数包括计算、衡量项目的财务费用效益的各类计算参数和判定项目财务合理性的判据参数。

2.2 国家行政主管部门统一测定并发布的行业财务基准收益率，在政府投资项目以及按政府要求进行经济评价的建设项目中必须采用；在企业投资等其他各类建设项目的经济评价中可参考选用。

国家有关部门（行业）发布的供项目财务分析使用的总投资收益率、项目资本金净利润率（即权益资金净利润率，下同）、利息备付率、偿债备付率、资产负债率、项目计算期、折旧年限、有关费率等指标的基准值或参考值，在各类建设项目的经济评价中可参考选用。

2.3 财务评价判据参数主要包括下列判断项目盈利能力的参数和判断项目偿债能力的参数：

1. 判断项目盈利能力的参数主要包括财务内部收益率（*FIRR*）、总投资收益率、项目资本金净利润率等指标的基准值或参考值。

2. 判断项目偿债能力的参数主要包括利息备付率、偿债备付率、资产负债率、流动比率、速动比率等指标的基准值或参考值。

2.4 财务基准收益率系指建设项目财务评价中对可货币化的项目费用与效益采用折现方法计算财务净现值的基准折现率，是衡量项目财务内部收益率的基准值，是项目财务可行性和方案比选的主要判据。财务基准收益率反映投资者对相应项目占用资金的时间价值的判断，应是投资者在相应项目上最低可接受的财务收益率。

2.5 财务基准收益率的测定应符合下列规定：

1. 在政府投资项目以及按政府要求进行经济评价的建设项目中采用的行业财务基准收益率，应根据政府的政策导向进行确定。

项目产出物（或服务）价格由政府进行控制和干预的项目，其行业财务基准收益率需要结合国家在一定时期的发展战略、发展规划、产业政策、投资管理规定、社会经济发展水平和公众承受能力等因素，权衡效率与公平、局部与整体、当前与未来、受益群体与受损群体等得失利弊，区分不同行业投资项目的实际情况，结合政府资源、宏观调控意图、履行政府职能等因素综合测定。

2. 在企业投资等其他各类建设项目的经济评价中参考选用的行业财务基准收益率，应在分析一定时期内国家和行业发展战略、发展规划、产业政策、资源供给、市场需求、资金时间价值、项目目标等情况的基础上，结合行业特点、行业资本构成情况等因素综合测定。

3. 在中国境外投资的建设项目财务基准收益率的测定，应首先考虑国家风险因素。

4. 投资者自行测定项目的最低可接受财务收益率，应充分考虑本参数2.5条2款中的各种情况，并根据自身的发展战略和经营策略、具体项目特点与风险、资金成本、机会成本等因素综合测定。

5. 下列项目风险较大，在确定最低可接受财务收益率时可适当提高其取值：

1）项目投入物属紧缺资源的项目；

2）项目投入物大部分需要进口的项目；

3）项目产出物大部分用于出口的项目；

4）国家限制或可能限制的项目；

5）国家优惠政策可能终止的项目；

6）建设周期长的项目；

7）市场需求变化较快的项目；

8）竞争激烈领域的项目；

9）技术寿命较短的项目；

10）债务资金比例高的项目；

11）资金来源单一且存在资金提供不稳定因素的项目；

12）在国外投资的项目；

13）自然灾害频发地区的项目；

14）研发新技术的项目等。

2.6 财务基准收益率的测定可采用资本资产定价模型法（*CAPM*）、加权平均资金成本法（*WACC*）、典型项目模拟法、德尔菲（*Delphi*）专家调查法等方法，也可同时采用多种方法进行测算，将不同方法测算的结果互相验证，经协调后确定。

1. 资本资产定价模型法：

采用资本资产定价模型法测算行业财务基准收益率，应在确定行业分类的基础上，在行业内抽取有代表性企业样本，以若干年企业财务报表数据为基础数据，进行行业风险系数、权益资金成本的测算，得出用资本资产定价模型法测算的行业最低可用折现率（权益资金），作为确定权益资金行业财务基准收益率的下限，再综合考虑采用其他方法测算得出的行业财务基准收益率并进行协调后，确定权益资金行业财务基准收益率的取值。

采用资本资产定价模型法（*CAPM*）测算权益资金行业财务基准收益率，应按下式计算：

$$k = K_f + \beta \times (K_m - K_f) \tag{2.6-1}$$

式中 k——权益资金成本；

K_f——市场无风险收益率；

β——风险系数；

K_m——市场平均风险投资收益率。

风险系数又称为β系数，是反映行业特点与风险的重要数值，也是测算工作的重点和基础。

2. 加权平均资金成本法：

采用加权平均资金成本法（*WACC*）测算行业财务基准收益率（全部资本），应通过测定行业加权平均资金成本，得出全部投资的行业最低可接受财务折现率，作为全部投资行业财务基准收益率的下限。再综合考虑其他方法得出的行业财务基准收益率并进行协调后，确定全部投资行业财务基准收益率的取值。

采用加权平均资金成本法（*WACC*）测算行业财务基准收益率（全部资本），应按下式计算：

$$WACC = K_e \frac{E}{E+D} + K_d \frac{D}{E+D} \tag{2.6-2}$$

式中 $WACC$——加权平均资金成本；

K_e——权益资金成本；

K_d——债务资金成本；

E——股东权益；

D——企业负债。

权益资金与负债的比例可采用行业统计平均值，或者由投资者进行合理设定。

债务资金成本为公司所得税后债务资金成本。

权益资金成本可根据公式（2.6-1）采用资本资产定价模型确定。其中，无风险投资收益率（K_f）一般可采用政府发行的相应期限的国债利率；市场平均风险投资收益率（K_m）可依据国家有关统计数据测定。

测算行业财务基准收益率应选择相应行业中有代表性的一定数量的企业（项目），对其一定时期内的投资筹资、成本费用、财务效益、资产状况等实际情况进行调查，经过统计、分析与测算，结合本参数2.5条2款中的各种主要因素对测算结果进行必要的调整后确定。

3. 典型项目模拟法：

采用典型项目模拟法测算行业财务基准收益率，应在合理时间区段内，选取一定数量的具有行业代表性的已进入正常生产运营状态的典型项目，按照项目实施情况采集实际数据，统一评估的时间区段，调整价格水平和有关参数，计算项目的财务内部收益率，并对结果进行必要的分析，结合本参数2.5条2款中需考虑的主要因素确定取值。

4. 德尔菲（*Delphi*）专家调查法：

采用德尔菲（*Delphi*）专家调查法测算行业财务基准收益率，应统一设计调查问卷，征求一定数量的熟悉本行业情况的专家，依据系统的程序，采用匿名发表意见的方式，通过多轮次调查专家对本行业建设项目财务基准收益率取值的意见，逐步形成专家的集中意见，并对调查结果进行必要的分析，结合本参数2.5条2款中需考虑的主要因素确定行业财务基准收益率的取值。

2.7 财务基准收益率的选用，应遵循下列原则：

1. 政府投资项目的财务评价必须采用国家行政主管部门发布的行业财务基准收益率。

一般情况下，项目产出物或服务属于非市场定价的项目，其基准收益率的确定与项目产出物或服务的定价密切相关，是政府投资所要求的收益水平上限，但不是对参与非市场定价项目的其他投资者的收益率要求。

参与非市场定价项目的其他投资者的财务收益率，通过参加政府招标或与政府部门协商确定。

2. 企业投资等其他各类建设项目的财务评价中所采用的行业基准收益率，既可使用由投资者自行测定的项目最低可接受财务收益率，也可选用国家或行业主管部门发布的行业财务基准收益率。

根据投资人意图和项目的具体情况，项目最低可接受财务收益率的取值可高于、等于或低于行业财务基准收益率。

2.8 建设项目财务评价中，总投资收益率和项目资本金净利润率是采用非折现方法判断项目盈利能力的指标，其参数的测定应符合下列规定：

1. 总投资收益率（ROI）表示总投资的盈利水平，系指项目达到设计能力后正常年份的年息税前利润或运营期内年平均息税前利润（$EBIT$）与项目总投资（TI）的比率；总投资收益率应按下式计算：

$$ROI=\frac{EBIT}{TI}\times 100\% \tag{2.8-1}$$

式中 $EBIT$——项目正常年份的年息税前利润或运营期内年平均息税前利润；

TI——项目总投资。

2. 项目资本金净利润率（ROE）表示项目资本金的盈利水平，系指项目达到设计能力后正常年份的年净利润或运营期内年平均净利润（NP）与项目资本金（EC）的比率；项目资本金净利润率应按下式计算：

$$ROE=\frac{NP}{EC}\times 100\% \tag{2.8-2}$$

式中 NP——项目正常年份的年净利润或运营期内年平均净利润；

EC——项目资本金。

2.9 对使用债务性资金的项目，应进行偿债能力分析，考察法人能否按期偿还借款。判断项目偿债能力参数的测定与选用，应符合下列规定：

1. 判断项目偿债能力的参数，应依据行业同类项目历史数据进行统计分析测定。项目财务评价时应结合行业特点和项目实际情况选用。

2. 利息备付率（ICR）系指在借款偿还期内的息税前利润（$EBIT$）与应付利息（PI）的比值，它从付息资金来源的充裕性角度反映项目偿付债务利息的保障程度和支付能力，应按下式计算：

$$ICR=\frac{EBIT}{PI} \tag{2.9-1}$$

式中 $EBIT$——息税前利润；

PI——计入总成本费用的应付利息。

利息备付率应分年计算。

3. 偿债备付率（$DSCR$）系指在借款偿还期内，用于计算还本付息的资金（$EBITDA-T_{AX}$）与应还本付息金额（PD）的比值，它从还本付息资金来源的充裕性角度反映项目偿付债务本息的保障程度和支付能力，应按下式计算：

$$DSCR=\frac{EBITDA-T_{AX}}{PD} \tag{2.9-2}$$

式中 $EBITDA$——息税前利润加折旧和摊销；

T_{AX}——企业所得税；

PD——应还本付息金额，包括还本金额、计入总成本费用的全部利息。融资租赁费用可视同借款偿还。运营期内的短期借款本息也应纳入计算。

偿债备付率应分年计算。

4. 资产负债率（$LOAR$）系指各期末负债总额（TL）同资产总额（TA）的比率，应按下式计算：

$$LOAR=\frac{TL}{TA}\times 100\% \qquad (2.9-3)$$

式中 TL——期末负债总额；

TA——期末资产总额。

5. 流动比率是流动资产与流动负债之比，反映法人偿还流动负债的能力，应按下式计算：

$$\text{流动比率}=\frac{\text{流动资产}}{\text{流动负债}}\times 100\% \qquad (2.9-4)$$

6. 速动比率是速动资产与流动负债之比，反映法人在短时间内偿还流动负债的能力，应按下式计算：

$$\text{速动比率}=\frac{\text{速动资产}}{\text{流动负债}}\times 100\% \qquad (2.9-5)$$

式中 速动资产 = 流动资产 - 存货

2.10 总投资收益率、项目资本金净利润率和判断项目偿债能力参数的测定，可采用统计分析法、典型项目模拟法及德尔菲（*Delphi*）专家调查法等基本方法，也可同时采用多种方法进行测算，将用不同方法测算的结果互相验证，经协调后确定。

2.11 总资产报酬率、净利润率、资产负债率、流动比率、速动比率等参数，应测定其取值的合理区间。具体测定可采取下列方法：

1. 根据大样本数据测定参数取值的合理区间。选取足够的代表行业内企业情况的企业样本，对各企业取有关参数的各年度平均值，作为该企业的代表数据，对行业内企业数据进行统计分析，根据分布规律及企业经营和财务状况确定合理区间所包含的企业样本值，以边界上的企业样本值作为合理区间的边界值。

2. 根据经验选取小样本测定。根据行业内企业经营情况选取 10～15 个企业样本，对小样本所包含的企业数据进行整理排序和统计分析，以第 20 百分位数所对应的企业的参数取值和第 80 百分位数所对应的企业的参数取值分别作为合理区间的两个边界值。

2.12 利息备付率、偿债备付率等参数，应测定其最低可接受值。参考国际经验和国内行业的具体情况，根据我国企业历史数据统计分析，一般情况下，利息备付率不宜低于 2，偿债备付率不宜低于 1.3。

部分行业如果统计分析表明其相应参数普遍大大高于或低于以上取值，应首先分析其原因，适当情况下，可根据统计数据提出修正，提高或降低取值。

2.13 部分建设项目行业财务基准收益率的取值，见表 2.13－1 和表 2.13－2。

表 2.13－1　建设项目融资前税前财务基准收益率取值表

序号	行业名称	融资前税前财务基准收益率	序号	行业名称	融资前税前财务基准收益率	序号	行业名称	融资前税前财务基准收益率
01	**农业**		052	初级形态的塑料及合成树脂制造	13	0813	核能发电	7
011	种植业	6	053	合成纤维单（聚合）体制造	14	0814	风力发电	5
012	畜牧业	7	054	乙烯联合装置	12	0815	垃圾发电	5
013	渔业	7	055	纤维素纤维原料及纤维制造	14	0816	其他能源发电（潮汐、地热等）	5
014	农副食品加工	8	**06**	**化工**		0817	热电站	8
02	**林业**		061	氯碱及氯化物制造	11	0818	抽水蓄能电站	8
021	林产加工	11	062	无机化学原料制造	10	**082**	**电网工程**	
022	森林工业	12	063	有机化学原料及中间体制造	11	0821	送电工程	7
023	林纸林化	12	064	化肥	9	0822	联网工程	7
024	营造林	8	065	农药	12	0823	城网工程	7
03	**建材**		066	橡胶制品制造	12	0824	农网工程	6
031	水泥制造业	11	067	化工新型材料	12	0825	区内或省内电网工程	7
032	玻璃制造业	13	068	专用化学品制造（含精细化工）	13	**09**	**水利**	
04	**石油**		**07**	**信息产业**		091	水库发电工程	7
041	陆上油田开采	13	071	固定通信	5	092	调水、供水工程	4
042	陆上气田开采	12	072	移动通信	10	**10**	**铁路**	
043	国家原油存储设施	8	073	邮政通信	3	101	铁路网既有线改造	6
044	长距离输油管道	12	**08**	**电力**		102	铁路网新线建设	3
045	长距离输气管道	12	081	电源工程		**11**	**民航**	
05	**石化**		0811	火力发电	8	111	大中型（干线）机场建设	5
051	原油加工及石油制品制造	12	0812	天然气发电	9	112	小型（支线）机场建设	1

表 2.13－2　建设项目资本金税后财务基准收益率取值表

序号	行业名称	项目资本金税后财务基准收益率	序号	行业名称	项目资本金税后财务基准收益率	序号	行业名称	项目资本金税后财务基准收益率
01	**农业**		052	初级形态的塑料及合成树脂制造	15	0813	核能发电	9
011	种植业	6	053	合成纤维单（聚合）体制造	16	0814	风力发电	8
012	畜牧业	9	054	乙烯联合装置	15	0815	垃圾发电	8
013	渔业	8	055	纤维素纤维原料及纤维制造	16	0816	其他能源发电（潮汐、地热等）	8
014	农副食品加工	8	**06**	**化工**		0817	热电站	10
02	**林业**		061	氯碱及氯化物制造	13	0818	抽水蓄能电站	10
021	林产加工	11	062	无机化学原料制造	11	**082**	**电网工程**	
022	森林工业	13	063	有机化学原料及中间体制造	12	0821	送电工程	9
023	林纸林化	12	064	化肥	9	0822	联网工程	10
024	营造林	9	065	农药	14	0823	城网工程	10
03	**建材**		066	橡胶制品制造	12	0824	农网工程	9
031	水泥制造业	12	067	化工新型材料	13	0825	区内或省内电网工程	9
032	玻璃制造业	14	068	专用化学品制造（含精细化工）	15	**09**	**水利**	
04	**石油**		**07**	**信息产业**		091	水库发电工程	10
041	陆上油田开采	15	071	固定通信	5	092	调水、供水工程	6
042	陆上气田开采	15	072	移动通信	12	**10**	**铁路**	
043	国家原油存储设施	8	073	邮政通信	3	101	铁路网既有线改造	6
044	长距离输油管道	13	**08**	**电力**		102	铁路网新线建设	3
045	长距离输气管道	13	081	电源工程		**11**	**民航**	
05	**石化**		0811	火力发电	10	111	大中型（干线）机场建设	4
051	原油加工及石油制品制造	13	0812	天然气发电	12	112	小型（支线）机场建设	—

3　国民经济评价参数

3.1　国民经济评价参数包括计算、衡量项目的经济费用效益的各类计算参数和判定项目经济合理性的判据参数。

3.2　国家行政主管部门统一测定并发布的社会折现率和影子汇率换算系数（口岸价综合转换系数）等，在各类建设项目的国民经济评价中必须采用。影子工资换算系数和土地影子价格等在各类建设项目的国民经济评价中可参考选用。

3.3　社会折现率系指建设项目国民经济评价中衡量经济内部收益率的基准值，也是计算项目经济净现值的折现率，是项目经济可行性和方案比选的主要判据。

3.4　社会折现率应根据国家的社会经济发展目标、发展战略、发展优先顺序、发展水平、宏观调控意图、社会成员的费用效益时间偏好、社会投资收益水平、资金供给状况、资金机会成本等因素综合测定。

3.5　根据本参数3.4条需考虑的主要因素，结合当前的实际情况，测定社会折现率为8%；对于受益期长的建设项目，如果远期效益较大，效益实现的风险较小，社会折现率可适当降低，但不应低于6%。

3.6　影子汇率系指能正确反映国家外汇经济价值的汇率。建设项目国民经济评价中，项目的进口投入物和出口产出物，应采用影子汇率换算系数调整计算进出口外汇收支的价值。

3.7　影子汇率可通过影子汇率换算系数得出。影子汇率换算系数系指影子汇率与外汇牌价之间的比值。影子汇率应按下式计算：

$$影子汇率 = 外汇牌价 \times 影子汇率换算系数 \tag{3.7}$$

3.8　根据我国外汇收支、外汇供求、进出口结构、进出口关税、进出口增值税及出口退税补贴等情况，影子汇率换算系数为1.08。

3.9　影子工资系指建设项目使用劳动力资源而使社会付出的代价。建设项目国民经济评价中以影子工资计算劳动力费用。

3.10　影子工资应按下式计算：

$$影子工资 = 劳动力机会成本 + 新增资源消耗 \tag{3.10}$$

式中　劳动力机会成本系指劳动力在本项目被使用，而不能在其他项目中使用而被迫放弃的劳动收益；新增资源消耗指劳动力在本项目新就业或由其他就业岗位转移来本项目而发生的社会资源消耗，这些资源的消耗并没有提高劳动力的生活水平。

3.11 影子工资可通过影子工资换算系数得到。影子工资换算系数系指影子工资与项目财务分析中的劳动力工资之间的比值，影子工资可按下式计算：

$$影子工资 = 财务工资 \times 影子工资换算系数 \qquad (3.11)$$

3.12 影子工资的确定，应符合下列规定：

1. 影子工资应根据项目所在地劳动力就业状况、劳动力就业或转移成本测定。

2. 技术劳动力的工资报酬一般可由市场供求决定，即影子工资一般可以财务实际支付工资计算。

3. 对于非技术劳动力，根据我国非技术劳动力就业状况，其影子工资换算系数一般取为0.25~0.8；具体可根据当地的非技术劳动力供求状况确定，非技术劳动力较为富余的地区可取较低值，不太富余的地区可取较高值，中间状况可取0.5。

3.13 土地影子价格系指建设项目使用土地资源而使社会付出的代价。在建设项目国民经济评价中以土地影子价格计算土地费用。

3.14 土地影子价格应按下式计算：

$$土地影子价格 = 土地机会成本 + 新增资源消耗 \qquad (3.14)$$

式中 土地机会成本按拟建项目占用土地而使国民经济为此放弃的该土地“最佳替代用途”的净效益计算；土地改变用途而发生的新增资源消耗主要包括拆迁补偿费、农民安置补助费等。在实践中，土地平整等开发成本通常计入工程建设费用中，在土地影子价格中不再重复计算。

3.15 土地影子价格应根据项目占用土地所处地理位置、项目情况以及取得方式的不同分别确定，具体应符合下列规定：

1. 通过招标、拍卖和挂牌出让方式取得使用权的国有土地，其影子价格应按财务价格计算。

2. 通过划拨、双方协议方式取得使用权的土地，应分析价格优惠或扭曲情况，参照公平市场交易价格，对价格进行调整。

3. 经济开发区优惠出让使用权的国有土地，其影子价格应参照当地土地市场交易价格类比确定。

4. 当难以用市场交易价格类比方法确定土地影子价格时，可采用收益现值法或以开发投资应得收益加土地开发成本确定。

5. 当采用收益现值法确定土地影子价格时，应以社会折现率对土地的未来收益及费用进行折现。

3.16 建设项目如需占用农村土地，以土地征用费调整计算土地影子价格。具体应符合下列规定：

1. 项目占用农村土地，土地征收补偿费中的土地补偿费及青苗补偿费应视为土地机会成本，地上附着物补偿费及安置补助费应视为新增资源消耗，征地管理费、耕地占用税、耕地开垦费、土地管理费、土地开发费等其他费用应视为转移支付，不列为费用。

2. 土地补偿费、青苗补偿费、安置补助费的确定，如与农民进行了充分的协商，能够充分保证农民的应得利益，土地影子价格可按土地征收补偿费中的相关费用确定。

3. 如果存在征地费用优惠，或在征地过程中缺乏充分协商，导致土地征收补偿费低于市场定价，不能充分保证农民利益，土地影子价格应参照当地正常土地征收补偿费标准进行调整。

“建设项目经济评价方法”编写说明

1 总 则

1.1 制定《建设项目经济评价方法》的目的

1. 建设项目经济评价是建设项目决策的重要依据，对于提高建设项目决策的科学化水平，引导和促进各类资源的合理有效配置，优化投资结构，充分发挥投资效益具有重要作用。

2. 本《建设项目经济评价方法》是为适应我国社会主义市场经济发展的需要，按照投资体制改革的要求，在总结我国建设项目经济评价工作经验的基础上，借鉴国内外经济评价近年的成果，对原国家计委、建设部1993年印发的《建设项目经济评价方法与参数》（第二版）进行修订而成，目的是进一步规范建设项目经济评价工作，提高经济评价工作质量。

1.2 经济评价方法的适用范围

1. 所有项目的经济评价都是基于资金时间价值这一原理，因此本方法具有较宽的适用面，可用于各行各业的建设项目，如工业、农业、林业、交通运输、教育、卫生、房地产开发等大行业，同样，各大行业内的小行业也可以用此方法进行经济评价。行业经济评价的区别一般体现在财务或经济的费用效益流量的识别和估算上，以及对评价内容的选择上，各行业可结合自身特点制定相关的实施细则。

2. 当前我国社会主义市场经济体系的架构已经基本形成，投资主体已经由计划经济体制下单一的国家或政府，扩展成为政府、国有企业、民营企业、事业单位、个体经济以及政府与私人联合体等多种主体，形成投资主体多元化、资金来源多渠道、投资方式多样化、项目建设市场化的新格局。本方法对不同投资主体在使用上没有限制。

3. 传统的项目评价工作只是为提高项目决策的科学性和有效性服务，因此一般也只用于项目的初步可行性研究与可行性研究。随着人们对提高国家整体投资效率认识的深入，评价方法逐步被用于行业规划、大型项目的规划研究和机会识别阶段，并取得了显著的成果。在项目开始实施后，通过对实施过程进行监督，并与项目前期评价的结论对照，投资人可以发现问题，进行相应的改进，从而提高项目实施的效率。项目完工后，再次对照项目早期的评估结论进行全面的后评价，包括对项目实际取得的经济效益进行测算和评估，可以总结经验教训，为今后建设项目科学决策提供参考信息。

1.3 经济评价的作用

1. 建设项目前期研究是在建设项目投资决策前，对项目建设的必要性和项目备选方案的工艺技术、运行条件、环境与社会等方面进行全面的分析论证和评价工作。经济评价是项目前期研究诸多内容中的重要内容和有机组成部分。

2. 项目活动是整个社会经济活动的一个组成部分，而且要与整个社会的经济活动相融，符合行业和地区发展规划要求，因此，经济评价一般都要对项目与行业发展规划进行阐述。国务院投资体制改革决定明确规定，对属于核准制和备案制的企业投资项目，都要求在行业规划的范围内进行评审。这是国家宏观调控的重要措施之一。

3. 在完成项目方案的基础上，采用科学的分析方法，对拟建项目的财务可行性（可接受性）和经济合理性进行科学的分析论证，做出全面、正确的经济评价结论，为投资者提供科学的决策依据。

4. 项目前期研究阶段要做技术的、经济的、环境的、社会的、生态影响的分析论证，每一类分析都可能影响投资决策。经济评价只是项目评价的一项重要内容，不能指望由其解决所有问题。同理，对于经济评价，决策者也不能只通过一种指标（如内部收益率）就能判断项目在财务上或经济上是否可行，而应同时考虑多种影响因素和多个目标的选择，并把这些影响和目标相互协调起来，才能实现项目系统优化，进行最终决策。

1.4 项目分类

建设项目可以从不同分析角度进行分类。

1. 按项目的目标，分为经营性项目和非经营性项目。经营性项目通过投资以实现所有者权益的市场价值最大化为目标，以投资牟利为行为趋向。绝大多数生产或流通领域的投资项目都属于这类项目。

非经营性项目不以追求营利为目标，其中包括本身就没有经营活动、没有收益的项目，如城市道路、路灯、公共绿化、航道疏浚、水利灌溉渠道、植树造林等项目，这类项目的投资一般由政府安排，营运资金也由政府支出。另外有的项目的产出直接为公众提供基本生活服务，本身有生产经营活动，有营业收入，但产品价格不由市场机制形成。在后一类项目中，有些能回收全部投资成本，项目有财务生存能力；有些不能回收全部投资成本，需要政府补贴才能维持运营；有些能够回收全部投资成本且略有节余。对于这类建设项目，国家有相应的配套政策。

2. 按项目的产品（或服务）属性，分为公共项目和非公共项目。公共项目是指为满足社会公众需要，生产或提供公共物品（包括服务）的项目，如上述第一类非经营性项目。公共物品的特征是具有非排他性或排他无效率，有很大一类物品无法或不应收费。人们一般认为，由政府生产或提供公共物品可以增进社会福利，是政府的一项合适的职能。

非公共项目是指除公共项目以外的其他项目。相对于“政府部门提供公共物品”的是“私人部门提供的商品”，其重要特征是：供应商能够向那些想消费这种商品的人收费并因此得到利润。

3. 按项目的投资管理形式，分为政府投资项目和企业投资项目。政府投资项目是指使用政府性资金的建设项目以及有关的投资活动。政府性资金包括：财政预算投资资金（含国债资金）；利用国际金融组织和外国政府贷款的主权外债资金；纳入预算管理的专项建设资金；法律、法规规定的其他政府性资金。政府按照资金来源、项目性质和宏观调控需要，分别采用直接投资、资本金注入、投资补助、转贷、贴息等方式进行投资。

不使用政府性资金的投资项目统称企业投资项目。

4. 按项目与企业原有资产的关系，分为新建项目和改扩建项目。改扩建项目与新建项目的区别在于：改扩建项目是在原有企业基础上进行建设的，在不同程度上利用了原有企业的资源，以增量带动存量，以较小的新增投入取得较大的新增效益。建设期内项目建设与原有企业的生产同步进行。

5. 按项目的融资主体，分为新设法人项目和既有法人项目。新设法人项目由新组建的项目法人为项目进行融资，其特点是：项目投资由新设法人筹集的资本金和债务资金构成；由新设项目法人承担融资责任和风险；从项目投产后的财务效益情况考察偿债能力。

既有法人项目要依托现有法人为项目进行融资，其特点是：拟建项目不组建新的项目法人，由既有法人统一组织融资活动并承担融资责任和风险；拟建项目一般是在既有法人资产和信用的基础上进行的，并形成增量资产；从既有法人的财务整体状况考察融资后的偿债能力。

除上述几种分类外，项目还可以从其他角度进行分类。没有一种分类方法可以涵盖各种属性的项目，为便于后面叙述，列举了几种分类。这些分类对经济评价内容、评价方法、效益与费用估算、报表设置等都有重要影响。实际工作中可以根据需要从不同的角度另行分类。

1.5 经济评价内容与方法的选择及侧重点

1. 项目类型、项目性质、项目目标和行业特点都会影响评价方法、评价内容、评价参数的选择。具体项目选择什么评价方法、评价内容和评价参数不能一概而论，不要求所有项目采用各种方法和内容统统做一遍。项目投资者、设计和评估人员应具体问题具体分析，独立地做出选择。

2. 对于一般项目，财务分析结果将对其决策、实施和运营产生重大影响，财务分析必不可少。由于这类项目产出品的市场价格基本上能够反映其真实价值，当财务分析的结果能够满足决策需要时，可以不进行经济费用效益分析。

3. 对于那些关系国家安全、国土开发、市场不能有效配置资源等具有较明显外部效果的项目（一般为政府审批或核准项目），需要从国家经济整体利益的角度来考察项目，并以能反映资源真实价值的影子价格来计算项目的经济效益和费用，通过经济评价指标的计算和分析，得出项目是否对整个社会经济有益的结论。

4. 对于特别重大的建设项目，除进行财务分析与经济费用效益分析外，还应专门进行项目对区域经济或宏观经济影响的研究与分析。

1.6 经济评价的内容深度要求

1. 项目前期研究各个阶段是对项目的内部、外部条件由浅入深、由粗到细的逐步细化过程，一般分为规划、机会研究、项目建议书和可行性研究四个阶段。由于不同研究阶段的研究目的、内容深度和要求等不相同，因此，经济评价的内容深度和侧重点也随着项目决策不同阶段的要求有所不同。

2. 可行性研究阶段的经济评价，应按照本方法的内容要求，对建设项目的财务可接受性和经济合理性进行详细、全面的分析论证。

3. 项目建议书阶段的经济评价，重点是围绕项目立项建设的必要性和可能性，分析论证项目的经济条件及经济状况。这个阶段采用的基础数据可适当粗略，采用的评价指标可根据资料和认识的深度适度简化。

4. 规划和机会研究是将项目意向变成简要的项目建议的过程，研究人员对项目赖以存在的客观（内外部）条件的认识还不深刻，或者说不确定性比较大，在此阶段，可以用一些综合性的信息资料，计算简便的指标进行分析。

1.7 经济评价应遵循的基本原则

“有无对比”原则。“有无对比”是指“有项目”相对于“无项目”的对比分析。“无项目”状态指不对该项目进行投资时，在计算期内，与项目有关的资产、费用与收益的预计发展情况；“有项目”状态指对该项目进行投资后，在计算期内，资产、费用与收益的预计情况。“有无对比”求出项目的增量效益，排除了项目实施以前各种条件的影响，突出项目活动的效果。“有项目”与“无项目”两种情况下，效益和费用的计算范围、计算期应保持一致，具有可比性。

1. 效益与费用计算口径对应一致的原则。将效益与费用限定在同一个范围内，才有可能进行比较，计算的净效益才是项目投入的真实回报。

2. 收益与风险权衡的原则。投资人关心的是效益指标，但是，对于可能给项目带来风险的因素考虑得不全面，对风险可能造成的损失估计不足，结果往往有可能使得项目失败。收益与风险权衡的原则提示投资者，在进行投资决策时，不仅要看到效益，也要关注风险，权衡得失利弊后再行决策。

3. 定量分析与定性分析相结合，以定量分析为主的原则。经济评价的本质就是要对拟建项目在整个计算期的经济活动，通过效益与费用的计算，对项目经济效益进行分析和比较。一般来说，项目经济评价要求尽量采用定量指标，但对一些不能量化的经济因素，不能直接进行数量分析，对此要求进行定性分析，并与定量分析结合起来进行评价。

4. 动态分析与静态分析相结合，以动态分析为主的原则。动态分析是指利用资金时间价值的原理对现金流量进行折现分析。静态分析是指不对现金流量进行折现分析。项目经济评价的核心是折现，所以分析评价要以折现（动态）指标为主。非折现（静态）指标与一般的财务和经济指标内涵基本相同，比较直观，但是只能作为辅助指标。

1.8 项目计算期

1. 项目计算期是指经济评价中为进行动态分析所设定的期限，包括建设期和运营期。建设期是指项目资金正式投入开始到项目建成投产为止所需要的时间，可按合理工期或预计的建设进度确定；运营期分为投产期和达产期两个阶段。投产期是指项目投入生产，但生产能力尚未完全达到设计能力时的过渡阶段。达产期是指生产运营达到设计预期水平后的时间。运营期一般应以项目主要设备的经济寿命期确定。项目计算期应根据多种因素综合确定，包括行业特点、主要装置（或设备）的经济寿命等。行业有规定时，应从其规定。

2. 项目计算期的长短主要取决于项目本身的特性，因此无法对项目计算期作出统一规定。计算期不宜定得太长一方面是因为按照现金流量折现的方法，把后期的净收益折为现值的数值相对较小，很难对财务分析结论产生有决定性的影响；另一方面由于时间越长，预测的数据会越不准确。

3. 计算期较长的项目多以年为时间单位。对于计算期较短的行业项目，在较短的时间间隔内（如月、季、半年或其他非日历时间间隔）现金流水平有较大变化，如油田钻井开发项目、高科技产业项目等，这类项目不宜用“年”做计算现金流量的时间单位，可根据项目的具体情况选择合适的计算现金流量的时间单位。

由于折现评价指标受计算时间的影响，对需要比较的项目或方案应取相同的计算期。

1.9 价格体系

1. 项目投入物和产出物的价格，是影响方案比选和经济评价结果最重要、最敏感的因素之一。项目评价都是对未来活动的估计，投入和产出都在未来一段时间发生，所以要采用预测价格对费用效益进行估算。

2. 财务分析应采用以市场价格体系为基础的预测价格。影响市场价格变动的因素很多，也很复杂，但归纳起来，不外乎两类：一是由于供需量的变化、价格政策的变化、劳动生产率变化等可能引起商品间比价的改变，产生相对价格变化；二是由于通货膨胀或通货紧缩而引起商品价格总水平的变化，产生绝对价格变动。

3. 在市场经济条件下，货物的价格因地而异，因时而变，要准确预测货物在项目计算期中的价格是很困难的。在不影响评价结论的前提下，可采取简化办法：

1）对建设期的投入物，由于需要预测的年限较短，可既考虑相对价格变化，又考虑价格总水平变动；又由于建设期投入物品种繁多，分别预测难度大，还可能增加不确定性，因此，在实践中一般以涨价预备费（价差预备费）的形式综合计算。

2）对运营期的投入物和产出物价格，由于运营期比较长，在前期研究阶段对将来的物价上涨水平较难预测，预测结果的可靠性也难以保证，因此一般只预测到经营期初价格。运营期各年采用同一的不变价格。

4. 考虑到项目可能有多种投入或产出，在不影响评价结论的前提下，只需对在生产成本中影响特别大的货物和主要产出物的价格进行预测。一般情况下，根据市场预测的结果和销售策略确定主要产出物价格。在对未来市场价格信息有充分可靠判断的情况下，本着客观、谨慎的原则，也可以采用相对变动的价格，甚至考虑通货膨胀因素。在这种情况下，财务分析采用的财务基准收益率也应考虑通货膨胀因素。

5. 在经济费用效益分析中，采用以影子价格体系为基础的预测价格，影子价格体系不考虑通货膨胀因素的影响。

2　财务效益与费用估算

2.1　财务效益与费用

财务效益与费用是财务分析的重要基础，其估算的准确性与可靠程度直接影响财务分析结论。将财务效益与费用估算作为独立内容而不是一般的基础资料来写，是为了强调其重要性，以使后续的财务分析有着坚实的基础。

财务效益与费用的识别和估算应注意以下问题：

1. 财务效益与费用的估算应注意遵守现行财务、会计以及税收制度的规定。由于财务效益与费用的识别和估算是对将来情况的预测，经济评价中允许做有别于财会制度的处理，但是要求财务效益与费用的识别和估算在总体上与会计准则和会计以及税收制度相适应。

2. 财务效益与费用的估算应遵守有无对比的原则。“有无对比”是国际上项目评价中通用的效益与费用识别的基本原则，与项目评价的许多方面一样，财务效益与费用的识别和估算同样需要遵循这条原则。所谓“有项目”是指实施项目后的将来状况，“无项目”是指不实施项目时的将来状况。在识别项目的效益和费用时，须注意只有“有无对比”的差额部分才是由于项目的建设增加的效益和费用。采用有无对比的方法，是为了识别那些真正应该算做项目效益的部分，即增量效益，排除那些由于其他原因产生的效益；同时也要找出与增量效益相对应的增量费用，只有这样才能真正体现项目投资的净效益。

3. 财务效益与费用的估算范围应体现效益和费用对应一致的原则。即在合理确定的项目范围内，对等地估算财务主体的直接效益以及相应的直接费用，避免高估或低估项目的净效益。

4. 财务效益与费用的估算应根据项目性质、类别和行业特点，明确相关的政策和其他依据、选取适宜的方法，进行文字说明，并编制相关表格。

2.2 财务效益

项目的财务效益与项目目标有直接的关系，项目目标不同，财务效益包含的内容也不同。

市场化运作的经营性项目，项目目标是通过销售产品或提供服务实现盈利，其财务效益主要是指所获取的营业收入。对于某些国家鼓励发展的经营性项目，可以获得增值税的优惠。按照有关会计及税收制度，先征后返的增值税应记作补贴收入，作为财务效益进行核算。

财务分析中应根据国家规定的优惠范围落实是否可采用这些优惠政策。对先征后返的增值税，财务分析中可做有别于实际的处理，不考虑“征”和“返”的时间差。

对于以提供公共产品服务于社会或以保护环境等为目标的非经营性项目，往往没有直接的营业收入，也就没有直接的财务效益。这类项目需要政府提供补贴才能维持正常运转，应将补贴作为项目的财务收益，通过预算平衡计算所需要补贴的数额。

对于为社会提供准公共产品或服务，且运营维护采用经营方式的项目，如市政公用设施项目、交通、电力项目等，其产出价格往往受到政府管制，营业收入可能基本满足或不能满足补偿成本的要求，有些需要在政府提供补贴的情况下才具有财务生存能力。因此，这类项目的财务效益包括营业收入和补贴收入。

2.3 财务效益和费用的估算步骤

财务效益和费用的估算步骤应该与财务分析的步骤相匹配。在进行融资前分析时，应先估算独立于融资方案的建设投资和营业收入，然后是经营成本和流动资金。在进行融资后分析时，应先确定初步融资方案，然后估算建设期利息，进而完成固定资产原值的估算，通过还本付息计算求得运营期各年利息，最终完成总成本费用的估算。上述估算步骤只是体现了融资前分析和融资后分析对效益和费用数据的要求，并非实践中必须遵循的顺序。

2.4 财务效益与费用估算采用的价格

1. 选取财务效益与费用价格时应正确处理价格总水平变动因素，原则上盈利能力分析应考虑相对价格变化，而偿债能力分析应同时考虑相对价格变化和价格总水平变动的影响。为简化起见，可做如下处理：

1) 在建设期间既要考虑价格总水平变动，又要考虑相对价格变化。在建设投资估算中价格总水平变动是通过涨价预备费来体现。

2) 项目运营期内，一般情况下盈利能力分析和偿债能力分析可以采用同一套价格，即预测的运营期价格。

3) 项目运营期内，可根据项目的具体情况，选用固定价格（项目经营期内各年价格不变）或考虑相对价格变化的变动价格（项目运营期内各年价格不同，或某些年份价格不同）。

4) 当有要求或价格总水平变动较大时，项目偿债能力分析采用的价格应考虑价格总水平变动因素。

2. 项目投资估算应采用含增值税价格，包括建设投资、流动资金和运营期内的维持运营投资。

3. 项目运营期内投入与产出采用的价格可以是含增值税的价格，也可以是不含增值税的价格。为与企业实际财务报表数字相匹配，本章与第四章（财务分析）的表格编制统一采用不含增值税价格。若采用含增值税价格时，需要正确调整部分表格（主要是利润与利润分配表、财务计划现金流量表和项目投资现金流量表与项目资本金现金流量表）的相关科目，以不影响项目净效益的估算。但无论采用哪种价格，项目效益估算与费用估算所采用的价格体系应当协调一致。

4. 在计算期内同一年份，无论是有项目还是无项目的情况，原则上同种（质量、功能无差异）产出或投入的价格应取得一致。

2.5　营业收入

营业收入是指销售产品或者提供服务所获得的收入，是现金流量表中现金流入的主体，也是利润表的主要科目。营业收入是财务分析的重要数据，其估算的准确性极大地影响着项目财务效益的估计。

1. 营业收入估算的基础数据，包括产品或服务的数量和价格，都与市场预测密切相关。在估算营业收入时应对市场预测的相关结果以及建设规模、产品或服务方案进行概括的描述或确认，特别应对采用价格的合理性进行说明。

2. 工业项目评价中营业收入的估算基于一项重要假定，即当期的产出（扣除自用量后）当期全部销售，也就是当期商品产量等于当期销售量。主副产品（或不同等级产品）的销售收入应全部计入营业收入，其中某些行业的产品成品率按行业习惯或规定；其他行业提供的不同类型服务收入也应同时计入营业收入。

3. 分年运营量可根据经验确定负荷率后计算或通过制定销售（运营）计划确定。

1）按照市场预测的结果和项目具体情况，根据经验直接判定分年的负荷率。判定时应考虑项目性质、技术掌握难易程度、产出的成熟度及市场的开发程度等诸多因素。

2）根据市场预测的结果，结合项目性质、产出特性和市场的开发程度制定分年运营计划，进而确定各年产出数量。相对而言，这种做法更具合理性，国际上多采用。

运营计划或分年负荷的确定不应是固定的模式，应强调具体项目具体分析。一般开始投产时负荷较低，以后各年逐步提高，提高的幅度取决于上述因素的分析结果。有些项目的产出寿命期较短，更新快，达到一定负荷后，在适当的年份开始减少产量，甚至适时终止生产。

2.6　补贴收入

某些项目还应按有关规定估算企业可能得到的补贴收入（仅包括与收益相关的政府补助，与资产相关的政府补助不在此处核算，与资产相关的政府补助是指企业取得的、用于购建或以其他方式形成长期资产的政府补助），包括先征后返的增值税、按销量或工作量等依据国家规定的补助定额计算并按期给予的定额补贴，以及属于财政扶持而给予的其他形式的补贴等。补贴收入同营业收入一样，应列入利润与利润分配表、财务计划现金流量表和项目投资现金流量表与项目资本金现金流量表。以上几类补贴收入，应根据财政、税务部门的规定，分别计入或不计入应税收入。

2.7 建设投资

1. 建设投资是项目费用的重要组成，是项目财务分析的基础数据，可根据项目前期研究不同阶段、对投资估算精度的要求及相关规定选用估算方法。

2. 建设投资的构成可按概算法分类或按形成资产法分类。

按概算法分类，建设投资由工程费用、工程建设其他费用和预备费三部分构成。其中工程费用又由建筑工程费、设备购置费（含工器具及生产家具购置费）和安装工程费构成；工程建设其他费用内容较多，且随行业和项目的不同而有所区别。预备费包括基本预备费和涨价预备费。

按形成资产法分类，建设投资由形成固定资产的费用、形成无形资产的费用、形成其他资产的费用和预备费四部分组成。固定资产费用系指项目投产时将直接形成固定资产的建设投资，包括工程费用和工程建设其他费用中按规定将形成固定资产的费用，后者被称为固定资产其他费用，主要包括建设单位管理费、可行性研究费、研究试验费、勘察设计费、环境影响评价费、场地准备及临时设施费、引进技术和引进设备其他费、工程保险费、联合试运转费、特殊设备安全监督检验费和市政公用设施建设及绿化费等；无形资产费用系指将直接形成无形资产的建设投资，主要是专利权、非专利技术、商标权、土地使用权和商誉等。其他资产费用系指建设投资中除形成固定资产和无形资产以外的部分，如生产准备及开办费等。

对于土地使用权的特殊处理：按照有关规定，在尚未开发或建造自用项目前，土地使用权作为无形资产核算，房地产开发企业开发商品房时，将其账面价值转入开发成本；企业建造自用项目时将其账面价值转入在建工程成本。因此，为了与以后的折旧和摊销计算相协调，在建设投资估算表中通常可将土地使用权直接列入固定资产其他费用中。

2.8 经营成本

经营成本是财务分析的现金流量分析中所使用的特定概念，作为项目现金流量表中运营期现金流出的主体部分，应得到充分的重视。经营成本与融资方案无关。因此在完成建设投资和营业收入估算后，就可以估算经营成本，为项目融资前分析提供数据。

经营成本估算的行业性很强，不同行业在成本构成科目和名称上都可能有较大的不同。估算应按行业规定，没有规定的也应注意反映行业特点。

2.9 流动资金

1. 项目运营需要流动资产投资，但项目评价中需要估算并预先筹措的是从流动资产中扣除流动负债，即企业短期信用融资（应付账款）后的流动资金。项目评价中流动资金的估算应考虑应付账款对需要预先筹措的流动资金的抵减作用。对有预收账款的某些项目，还可同时考虑预收账款对流动资金的抵减作用。

2. 流动资金估算方法可采用扩大指标估算法或分项详细估算法。分项详细估算法具体方法如下：

分项详细估算法是对流动资产和流动负债主要构成要素即存货、现金、应收账款、预付账款以及应付账款和预收账款等几项内容分项进行估算，计算公式为：

$$\text{流动资金} = \text{流动资产} - \text{流动负债} \quad (2.9-1)$$

$$\text{流动资产} = \text{应收账款} + \text{预付账款} + \text{存货} + \text{现金} \quad (2.9-2)$$

$$\text{流动负债} = \text{应付账款} + \text{预收账款} \quad (2.9-3)$$

$$\text{流动资金本年增加额} = \text{本年流动资金} - \text{上年流动资金} \quad (2.9-4)$$

流动资金估算的具体步骤是首先确定各分项最低周转天数，计算出周转次数，然后进行分项估算。

1）周转次数的计算：

$$\text{周转次数} = 360\text{ 天}/\text{最低周转天数} \quad (2.9-5)$$

各类流动资产和流动负债的最低周转天数参照同类企业的平均周转天数并结合项目特点确定，或按部门（行业）规定，在确定最低周转天数时应考虑储存天数、在途天数，并考虑适当的保险系数。

2）流动资产估算。

①存货的估算。存货是指企业在日常生产经营过程中持有以备出售，或者仍然处在生产过程，或者在生产或提供劳务过程中将消耗的材料或物料等，包括各

类材料、商品、在产品、半成品和产成品等。为简化计算，项目评价中仅考虑外购原材料、燃料、其他材料、在产品和产成品，并分项进行计算。计算公式为：

存货 = 外购原材料、燃料 + 其他材料 + 在产品 + 产成品　(2.9-6)

外购原材料、燃料 = 年外购原材料、燃料费用/分项周转次数[①]　(2.9-7)

其他材料 = 年其他材料费用/其他材料周转次数　(2.9-8)

在产品 =(年外购原材料、燃料动力费用 + 年工资及福利费 + 年修理费 + 年其他制造费用)/在产品周转次数　(2.9-9)

产成品 =(年经营成本 - 年其他营业费用)/产成品周转次数　(2.9-10)

②应收账款估算。应收账款是指企业对外销售商品、提供劳务尚未收回的资金，计算公式为：

应收账款 = 年经营成本/应收账款周转次数　(2.9-11)

③预付账款估算。预付账款是指企业为购买各类材料、半成品或服务所预先支付的款项，计算公式为：

预付账款 = 外购商品或服务年费用金额/预付账款周转次数　(2.9-12)

④现金需要量估算。项目流动资金中的现金是指为维持正常生产运营必须预留的货币资金，计算公式为：

现金 =(年工资及福利费 + 年其他费用)/现金周转次数　(2.9-13)

年其他费用 = 制造费用 + 管理费用 + 营业费用 -(以上三项费用中所含的工资及福利费、折旧费、摊销费、修理费)　(2.9-14)

3)流动负债估算。流动负债是指将在一年（含一年）或者超过1年的一个营业周期内偿还的债务，包括短期借款、应付票据、应付账款、预收账款、应付工资、应付福利费、应付股利、应交税金、其他暂收应付款项、预提费用和一年内到期的长期借款等。在项目评价中，流动负债的估算可以只考虑应付账款和预收账款两项。

计算公式为：

应付账款 = 外购原材料、燃料动力及其他材料年费用/应付账款周转次数　(2.9-15)

---

① 注意对外购原材料、燃料应按种类分项确定最低周转天数进行估算。

$$预收账款=预收的营业收入年金额/预收账款周转次数 \quad (2.9-16)$$

3. 流动资金估算需要注意的问题：

1) 在项目评价中，最低周转天数取值对流动资金估算的准确程度有较大影响。在确定最低周转天数时应根据项目的特点，投入和产出性质、供应来源以及各分项的属性，并考虑保险系数分项确定。

2) 当投入物和产出物采用不含税价格时，估算中应注意将销项税额和进项税额分别包括在相应的年费用金额中。

3) 流动资金一般应在项目投产前开始筹措。为了简化计算，流动资金可在投产第一年开始安排，并随生产运营计划的不同而有所不同，因此流动资金的估算应根据不同的生产运营计划分年进行。

4) 用详细估算法计算流动资金，需以经营成本及其中的某些科目为基数，因此实际上流动资金估算应在经营成本估算之后进行。

2.10 建设期利息

估算建设期利息，需要根据项目进度计划，提出建设投资分年计划，列出各年投资额，并明确其中的外汇和人民币。

估算建设期利息，应注意名义年利率和有效年利率的换算。将名义年利率折算为有效年利率的计算公式为：

$$有效年利率=(1+\frac{r}{m})^{m}-1 \quad (2.10-1)$$

式中 r——名义年利率；

m——每年计息次数。

当建设期用自有资金按期支付利息时，可不必进行换算，直接采用名义年利率计算建设期利息。

计算建设期利息时，为了简化计算，通常假定借款均在每年的年中支用，借款当年按半年计息，其余各年份按全年计息，计算公式如下：

采用自有资金付息时，按单利计算：

$$各年应计利息=(年初借款本金累计+本年借款额/2)\times 名义年利率 \quad (2.10-2)$$

采用复利方式计息时：

$$各年应计利息=(年初借款本息累计+本年借款额/2)\times有效年利率 \quad (2.10-3)$$

对有多种借款资金来源，每笔借款的年利率各不相同的项目，既可分别计算每笔借款的利息，也可先计算出各笔借款加权平均的年利率，并以加权平均利率计算全部借款的利息。

其他融资费用系指某些债务资金发生的手续费、承诺费、管理费、信贷保险费等融资费用，原则上应按该债务资金的债权人的要求单独计算，并计入建设期利息。项目建议书阶段，可简化作粗略估算，计入建设投资；可行性研究阶段，不涉及国外贷款的项目，也可简化作粗略估计后计入建设投资。

在项目评价中，对于分期建成投产的项目，应注意按各期投产时间分别停止借款费用的资本化，即投产后继续发生的借款费用不作为建设期利息计入固定资产原值，而是作为运营期利息计入总成本费用。

2.11 总投资形成的资产

1. 项目评价中总投资是指项目建设和投入运营所需要的全部投资（其估算范围与现行的投入总资金一致），为建设投资、建设期利息和全部流动资金之和。它区别于目前国家考核建设规模的总投资，即建设投资和30%的流动资金(又称铺底流动资金)。

2. 按照现行财务会计制度的规定：

固定资产是指同时具有下列特征的有形资产：

(1)为生产商品、提供劳务、出租或经营管理而持有的；

(2)使用寿命超过一个会计年度。

无形资产，是指企业拥有或者控制的没有实物形态的可辨认非货币性资产。

其他资产，原称递延资产，是指除流动资产、长期投资、固定资产、无形资产以外的其他资产，如长期待摊费用。按照有关规定，除购置和建造固定资产以外，所有筹建期间发生的费用，先在长期待摊费用中归集，待企业开始生产经营起计入当期的损益。

项目评价中总投资形成的资产可做如下划分：

1)形成固定资产，构成固定资产原值的费用包括：

①工程费用，即建筑工程费、设备购置费和安装工程费；

②固定资产其他费用；

③预备费，可含基本预备费和涨价预备费；

④建设期利息。

2)形成无形资产，构成无形资产原值的费用主要包括技术转让费或技术使用费（含专利权和非专利技术）、商标权和商誉等。

3)形成其他资产，构成其他资产原值的费用主要包括生产准备费、开办费、样品样机购置费和农业开荒费等。

3. 总投资中的流动资金与流动负债共同构成流动资产。

2.12 总成本费用

与经营成本一样，总成本费用估算的行业性也很强。估算应注意反映行业特点，或从行业规定。以下所述的总成本费用估算方法与注意事项适用于工业项目，在折旧、摊销、利息和某些费用计算方面也基本适用于其他行业。

1. 项目评价中通常采用生产要素法估算总成本费用。各分项的内容和估算要点如下：

1)外购原材料和燃料动力费估算。按“生产要素法”估算总成本费用时，原材料和燃料动力费系指外购的部分，外购原材料和燃料动力费的估算需要相关专业所提出的外购原材料和燃料动力年耗用量，以及在选定价格体系下的预测价格，该价格应按入库价格计，即到厂价格并考虑途库损耗。采用的价格时点和价格体系应与营业收入的估算一致。

外购原材料和燃料动力费估算要充分体现行业特点和项目具体情况。

2)人工工资及福利费估算。财务分析中的人工工资及福利费，是指企业为获得职工提供的服务而给予各种形式的报酬，通常包括职工工资、奖金、津贴和补贴以及职工福利费。医疗保险费、养老保险费、失业保险费、工伤保险费、生育保险费等社会保险费和住房公积金中由企业缴付的部分，应按规定计入其他管理费用。按“生产要素法”估算总成本费用时，人工工资及福利费系按项目全部人员数量估算。确定人工工资及福利费时需考虑项目性质、项目地点、行业特点等因素。依托老企业的项目，还要考虑原企业工资水平。

根据不同项目的需要，财务分析中可视情况选择按项目全部人员年工资的平均数值计算或者按照人员类型和层次分别设定不同档次的工资进行计算。

3)固定资产原值及折旧费的估算。

①固定资产原值。计算折旧，需要先计算固定资产原值。固定资产原值是指项目投产时（达到预定可使用状态）按规定由投资形成固定资产的部分。

按照《企业会计准则—租赁》，融资租赁的固定资产，承租人应将租赁开始日租赁资产的公允价值与最低租赁付款额的现值两者中较低者作为租入资产的入账价值。计算最低租赁付款额的现值所用的折现率，应首先选择出租人的租赁内含利率，其次使用租赁合同规定的利率，如都无法知悉，应用同期银行贷款利率。项目评价中条件不清楚的，也可直接按该资产公允价值计算。

②固定资产折旧。固定资产在使用过程中会受到磨损，其价值损失通常是通过提取折旧的方式得以补偿。按财税制度规定，企业固定资产应当按月计提折旧，并根据用途计入相关资产的成本或者当期损益。财务分析中，按生产要素法估算总成本费用时，固定资产折旧可直接列支于总成本费用。固定资产的折旧方法可在税法允许的范围内由企业自行确定，一般采用直线法，包括年限平均法和工作量法。我国税法也允许对某些机器设备采用快速折旧法，即双倍余额递减法和年数总和法。

固定资产折旧年限、预计净残值率可在税法允许的范围内由企业自行确定，或按行业规定。项目评价中一般应按税法明确规定的分类折旧年限，也可按行业规定的综合折旧年限。

对于融资租赁的固定资产，如果能够合理确定租赁期届满时承租人会取得租赁资产所有权，即可认为承租人拥有该项资产的全部尚可使用年限，因此应以其作为折旧年限；否则，则应以租赁期与租赁资产尚可使用年限两者中较短者作为折旧年限。

我国允许的固定资产折旧方法有：

A. 年限平均法：

$$\text{年折旧率} = \frac{1-\text{预计净残值率}}{\text{折旧年限}} \times 100\% \qquad (2.12-1)$$

年折旧额 = 固定资产原值 × 年折旧率

B. 工作量法：

工作量法又分两种，一是按照行驶里程计算折旧，二是按照工作小时计算折旧，计算公式如下：

按照行驶里程计算折旧的公式：

$$\text{单位里程折旧额} = \frac{\text{原值} \times (1-\text{预计净残值率})}{\text{总行驶里程}} \qquad (2.12-2)$$

年折旧额 = 单位里程折旧额 × 年行驶里程

按照工作小时计算折旧的公式：

$$\text{每工作小时折旧额} = \frac{\text{原值} \times (1 - \text{预计净残值率})}{\text{总工作小时}} \tag{2.12-3}$$

年折旧额 = 每工作小时折旧额 × 年工作小时

C. 双倍余额递减法：

$$\text{年折旧率} = \frac{2}{\text{折旧年限}} \times 100\% \tag{2.12-4}$$

年折旧额 = 固定资产净值 × 年折旧率

实行双倍余额递减法的，应在折旧年限到期前两年内，将固定资产净值扣除净残值后的净额平均摊销。

D. 年数总和法：

$$\text{年折旧率} = \frac{\text{折旧年限} - \text{已使用年数}}{\text{折旧年限} \times (\text{折旧年限} + 1) \div 2} \times 100\% \tag{2.12-5}$$

年折旧额 = （固定资产原值 - 预计净残值） × 年折旧率

4）固定资产修理费的估算。修理费是指为保持固定资产的正常运转和使用，充分发挥使用效能，对其进行必要修理所发生的费用，按修理范围的大小和修理时间间隔的长短可以分为大修理和中小修理。

修理费允许直接在成本中列支，如果当期发生的修理费用数额较大，可实行预提或摊销的办法。

当按“生产要素法”估算总成本费用时，固定资产修理费系指项目全部固定资产的修理费，可直接按固定资产原值（扣除所含的建设期利息）的一定百分数估算。百分数的选取应考虑行业和项目特点。在生产运营的各年中，修理费率的取值，一般采用固定值。根据项目特点也可以间断性地调整修理费率，开始取较低值，以后取较高值。

5）无形资产和其他资产原值及摊销费的估算。无形资产原值是指项目投产时按规定由投资形成无形资产的部分。

按照有关规定，无形资产从开始使用之日起，在有效使用期限内平均摊入成本。法律和合同规定了法定有效期限或者受益年限的，摊销年限从其规定，否则摊销年限应注意符合税法的要求。无形资产的摊销一般采用平均年限法，不计残值。

其他资产的摊销可以采用平均年限法，不计残值，摊销年限应注意符合税法的要求。

6)其他费用估算。其他费用包括其他制造费用、其他管理费用和其他营业费用这三项费用，系指由制造费用、管理费用和营业费用中分别扣除工资及福利费、折旧费、摊销费、修理费以后的其余部分。产品出口退税和减免税项目按规定不能抵扣的进项税额也可包括在内。

①其他制造费用。按照《企业会计制度》，制造费用指企业为生产产品和提供劳务而发生的各项间接费用，包括生产单位管理人员工资和福利费、折旧费、修理费（生产单位和管理用房屋、建筑物、设备）、办公费、水电费、机物料消耗、劳动保护费，季节性和修理期间的停工损失等。但不包括企业行政管理部门为组织和管理生产经营活动而发生的管理费用。

项目评价中的制造费用系指项目包含的各分厂或车间的总制造费用，为了简化计算常将制造费用归类为管理人员工资及福利费、折旧费、修理费和其他制造费用几部分。

其他制造费用是指由制造费用中扣除生产单位管理人员工资及福利费、折旧费、修理费后的其余部分。项目评价中常见的估算方法有：按固定资产原值（扣除所含的建设期利息）的百分数估算；按人员定额估算。具体估算方法可从行业规定。

②其他管理费用。管理费用是指企业为管理和组织生产经营活动所发生的各项费用，包括公司经费、工会经费、职工教育经费、劳动保险费、待业保险费、董事会费、咨询费、聘请中介机构费、诉讼费、业务招待费、排污费、房产税、车船使用税、土地使用税、印花税、矿产资源补偿费、技术转让费、研究与开发费、无形资产与其他资产摊销、职工教育经费、计提的坏账准备和存货跌价准备等。

为了简化计算，项目评价中可将管理费用归类为管理人员工资及福利费、折旧费、无形资产和其他资产摊销、修理费和其他管理费用几部分。其他管理费用是指由管理费用中扣除工资及福利费、折旧费、摊销费、修理费后的其余部分。

项目评价中常见的估算方法是按人员定额或取工资及福利费总额的倍数估算。

若管理费用中的技术转让费、研究与开发费与土地使用税等数额较大，应单独核算后并入其他管理费用，或单独列项。

③其他营业费用。营业费用是指企业在销售商品过程中发生的各项费用以及专设销售机构的各项经费，包括应由企业负担的运输费、装卸费、包装费、保险费、广告费、展览费以及专设销售机构人员工资及福利费、类似工资性质的费用、业务费等经营费用。

为了简化计算，项目评价中将营业费用归为销售人员工资及福利费、折旧费、修理费和其他营业费用几部分。其他营业费用是指由营业费用中扣除工资及福利费、折旧费、修理费后的其余部分。

项目评价中常见的估算方法是按营业收入的百分数估算。

④不能抵扣的进项税额。对于产品出口项目和产品国内销售的增值税减免税项目，应将不能抵扣的进项税额计入总成本费用的其他费用或单独列项。

7）利息支出。按照会计法规，企业为筹集所需资金而发生的费用称为借款费用，又称财务费用，包括利息支出（减利息收入）、汇兑损失（减汇兑收益）以及相关的手续费等。在大多数项目的财务分析中，通常只考虑利息支出。利息支出的估算包括长期借款利息、流动资金借款利息和短期借款利息三部分。

①长期借款利息是指对建设期间借款余额（含未支付的建设期利息）应在生产期支付的利息，项目评价中可以选择等额还本付息方式或者等额还本利息照付方式来计算长期借款利息。

A. 等额还本付息方式：

$$A = I_c \times \frac{i(1+i)^n}{(1+i)^n - 1} \tag{2.12-6}$$

式中 A——每年还本付息额（等额年金）；

I_c——还款起始年年初的借款余额（含未支付的建设期利息）；

i——年利率；

n——预定的还款期；

$\frac{i(1+i)^n}{(1+i)^n-1}$——资金回收系数，可以自行计算或查复利系数表。

其中：每年支付利息 = 年初借款余额 × 年利率

每年偿还本金 = A − 每年支付利息

年初借款余额 = I_c − 本年以前各年偿还的借款累计。

B. 等额还本利息照付方式：

设 A_t 为第 t 年的还本付息额，则有：

$$A_t = \frac{I_c}{n} + I_c \times (1 - \frac{t-1}{n}) \times i \qquad (2.12-7)$$

其中：每年支付利息＝年初借款余额×年利率

即：第 t 年支付的利息 $= I_c \times (1 - \frac{t-1}{n}) \times i$

每年偿还本金 $= \frac{I_c}{n}$

②流动资金借款利息。项目评价中估算的流动资金借款从本质上说应归类为长期借款，但目前企业往往有可能与银行达成共识，按期末偿还、期初再借的方式处理，并按一年期利率计息。流动资金借款利息可以按下式计算：

年流动资金借款利息＝年初流动资金借款余额×流动资金借款年利率　　(2.12－10)

财务分析中对流动资金的借款可以在计算期最后一年偿还，也可在还完长期借款后安排。

③短期借款。项目评价中的短期借款系指运营期间由于资金的临时需要而发生的短期借款，短期借款的数额应在财务计划现金流量表中得到反映，其利息应计入总成本费用表的利息支出中。短期借款利息的计算同流动资金借款利息，短期借款的偿还按照随借随还的原则处理，即当年借款尽可能于下年偿还。

2. 采用生产（服务）成本加期间费用法估算总成本费用时，需要各分单元（如分车间、装置或生产线）的有关数据或每种服务的有关数据，主要有原材料和公用工程消耗、各车间、装置或生产线等的定员和固定资产原值等。要先分别估算各分单元的生产（服务）成本，再加总得出总的生产（服务）成本，然后与期间费用（管理费用、营业费用和财务费用）相加得到总成本费用。

当会计制度与税收制度的相关规定有矛盾时，应按从税原则处理。

3. 固定成本和可变成本。根据成本费用与产量的关系可以将总成本费用分解为可变成本、固定成本和半可变（或半固定）成本。

固定成本是指不随产品产量变化的各项成本费用。可变成本是指随产品产量增减而成正比例变化的各项费用。有些成本费用属于半可变（或半固定）成本，例如不能熄灭的工业炉的燃料费用等。工资、营业费用和流动资金利息等也都可能既有可变因素，又有固定因素。必要时需将半可变（或半固定）成本进一步分解为可变成本和固定成本，使产品成本费用最终划分为可变成本和固定成本。长期借款利息应视为固定成本，流动资金借款和短期借款利息可能部分与产品产量相关，其利息可视为半可变半固定成本，为简化计算，一般也将其作为固定成本。

2.13 税费

关税是以进出口的应税货物为纳税对象的税种。项目评价中涉及引进设备、技术和进口原材料时，可能需要估算进口关税。项目评价中应按有关税法和国家的税收优惠政策，正确估算进口关税。我国仅对少数货物征收出口关税，而对大部分货物免征出口关税。若项目的出口产品属征税货物，应按规定估算出口关税。

增值税。财务分析应按税法规定计算增值税。须注意当采用含（增值）税价格计算销售收入和原材料、燃料动力成本时，利润和利润分配表以及现金流量表中应单列增值税科目；采用不含（增值）税价格计算时，利润表和利润分配表以及现金流量表中不包括增值税科目。应明确说明采用何种计价方式，同时注意涉及出口退税（增值税）时的计算及与相关报表的联系。目前我国大部分地区仍然采用生产型增值税，不允许抵扣购进固定资产的进项税额。2004 年 7 月起，开始对东北老工业基地的部分行业试行扩大增值税抵扣范围，允许抵扣购置固定资产的增值税额，项目评价中须注意按相关法规采用适宜的计税方法。

营业税。交通运输、建筑、邮电通讯、服务等行业应按税法规定计算营业税。营业税是价内税，包含在营业收入之内。

消费税。我国对部分货物征收消费税。项目评价中对适用消费税的产品，应按税法规定计算消费税。

营业税金附加包括城市维护建设税和教育费附加。城市维护建设税，是一种地方附加税，目前以流转税额（包括增值税、营业税和消费税）为计税依据，税率根据项目所在地分市区，县、镇和县、镇以外三个不同等级。教育费附加是地方收取的专项费用，计税依据也是流转税额，税率由地方确定，项目评价中应注意当地的规定。

土地增值税是按转让房地产取得的增值额征收的税种。房地产开发项目应按规定计算土地增值税。

资源税是国家对开采特定矿产品或者生产盐的单位和个人征收的税种。通常按矿产的产量计征。

在会计处理上，营业税、消费税、土地增值税、资源税和城市维护建设税、教育费附加均可包含在营业税金及附加中。营业税金及附加应作为利润和利润分配表中的科目。

企业所得税是针对企业应纳税所得额征收的税种。项目评价中应注意按有关税法对所得税前扣除项目的要求，正确计算应纳税所得额，并采用适宜的税率计算企业所得税，同时注意正确使用有关的所得税优惠政策，并加以说明。

2.14　维持运营投资

某些项目在运营期需要投入一定的固定资产投资才能得以维持正常运营，例如设备更新费用、油田的开发费用、矿山的井巷开拓延伸费用等。不同类型和不同行业的项目投资的内容可能不同，如发生维持运营投资时应将其列入现金流量表作为现金流出，参与内部收益率等指标的计算。同时，也应反映在财务计划现金流量表中，参与财务生存能力分析。

按照《企业会计准则－固定资产》，该投资是否能予以资本化，取决于其是否能为企业带来经济利益且该固定资产的成本是否能够可靠地计量。项目评价中，如果该投资投入后延长了固定资产的使用寿命，或使产品质量实质性提高，或成本实质性降低等，使可能流入企业的经济利益增加，那么该固定资产投资应予以资本化，即应计入固定资产原值，并计提折旧。否则该投资只能费用化，不形成新的固定资产原值。

2.15　非经营性项目的费用估算

对于非经营性项目，无论是否有营业收入都需要估算费用。在费用估算的要求和具体方法上可参照上述说明，并编制费用估算的相关报表。对于没有营业收入的项目，费用估算更显重要，可以用于计算单位功能费用指标，进行方案比选；还可以用来进行财务生存能力分析等。

2.16　财务效益和费用的估算表格

财务效益和费用的估算表格属于财务分析的辅助报表，行业性很强。使用时应注意报表参考格式下边的注释，结合行业和项目特点予以适当调整。

3　资金来源与融资方案

3.1　本章内容及其与其他章节内容的联系

本章内容由两部分组成，一是融资主体和资金来源，重点研究如何确定项目的融资主体以及项目资本金（即项目权益资金，下同）、项目债务资金的来源渠道和方式；二是融资方案，从资金来源的可靠性、资金结构、融资成本及融资风险等各个侧面对初步融资方案进行分析，结合融资后财务分析，比选、确定拟建项目的融资方案。

融资方案与投资估算、财务分析密切相关。一方面，融资方案必须满足投资估算确定的投资额及其使用计划对投资数额、时间和币种的要求；另一方面，不同方案的融资后财务分析结论，也是比选、确定融资方案的依据，而融资方案确定的项目资本金和项目债务资金的数额及相关融资条件又为进行资本金盈利能力分析、项目偿债能力分析、项目财务生存能力分析等财务分析提供了必需的基础数据。

3.2 融资主体的确定

分析、研究项目的融资渠道和方式，提出项目的融资方案，应首先确定项目的融资主体。项目的融资主体是指进行融资活动、并承担融资责任和风险的项目法人单位。正确确定项目的融资主体，有助于顺利筹措资金和降低债务偿还风险。确定项目的融资主体应考虑项目投资的规模和行业特点，项目与既有法人资产、经营活动的联系，既有法人财务状况，项目自身的盈利能力等因素。

1. 在下列情况下，一般应以既有法人为融资主体：

1）既有法人具有为项目进行融资和承担全部融资责任的经济实力；

2）项目与既有法人的资产以及经营活动联系密切；

3）项目的盈利能力较差，但项目对整个企业的持续发展具有重要作用，需要利用既有法人的整体资信获得债务资金。

2. 在下列情况下，一般应以新设法人为融资主体：

1）拟建项目的投资规模较大，既有法人不具有为项目进行融资和承担全部融资责任的经济实力；

2）既有法人财务状况较差，难以获得债务资金；而且项目与既有法人的经营活动联系不密切；

3）项目自身具有较强的盈利能力，依靠项目自身未来的现金流量可以按期偿还债务。

3.3 既有法人融资与新设法人融资

按照融资主体不同，项目的融资可分为既有法人融资和新设法人融资两种融资方式。

1. 既有法人融资方式是以既有法人为融资主体的融资方式。采用既有法人融资方式的建设项目，既可以是改扩建项目，也可以是非独立法人的新建项目。

既有法人融资方式的基本特点是：由既有法人发起项目、组织融资活动并承担融资责任和风险；建设项目所需的资金，来源于既有法人内部融资、新增资本金和新增债务资金；新增债务资金依靠既有法人整体（包括拟建项目）的盈利能力来偿还，并以既有法人整体的资产和信用承担债务担保。

以既有法人融资方式筹集的债务资金虽然用于项目投资，但债务人是既有法人。债权人可对既有法人的全部资产（包括拟建项目的资产）进行债务追索，因而债权人的债务风险较低。在这种融资方式下，不论项目未来的盈利能力如何，只要既有法人能够保证按期还本付息，银行就愿意提供信贷资金。因此，采用这种融资方式，必须充分考虑既有法人整体的盈利能力和信用状况，分析可用于偿还债务的既有法人整体（包括拟建项目）的未来的净现金流量。

2. 新设法人融资方式是以新组建的具有独立法人资格的项目公司为融资主体的融资方式。采用新设法人融资方式的建设项目，项目法人大多是企业法人。社会公益性项目和某些基础设施项目也可能组建新的事业法人实施。采用新设法人融资方式的建设项目，一般是新建项目，但也可以是将既有法人的一部分资产剥离出去后重新组建新的项目法人的改扩建项目。

新设法人融资方式的基本特点是：由项目发起人（企业或政府）发起组建新的具有独立法人资格的项目公司，由新组建的项目公司承担融资责任和风险；建设项目所需资金的来源，可包括项目公司股东投入的资本金和项目公司承担的债务资金；依靠项目自身的盈利能力来偿还债务；一般以项目投资形成的资产、未来收益或权益作为融资担保的基础。

采用新设法人融资方式，项目发起人与新组建的项目公司分属不同的实体，项目的债务风险由新组建的项目公司承担。项目能否还贷，取决于项目自身的盈利能力，因此必须认真分析项目自身的现金流量和盈利能力。

项目公司股东对项目公司借款提供多大程度的担保，也是融资方案研究的内容之一。实力雄厚的股东，为项目公司借款提供完全的担保，可以使项目公司取得低成本资金，降低项目的融资风险；但担保额度过高会使其资信下降，同时股东担保也可能需要支付担保费，从而增加项目公司的费用支出。在项目本身的财务效益好、投资风险可以有效控制的条件下，可以减少项目公司股东的担保额度。

3.4 项目资本金的来源渠道和筹措方式

1. 项目资本金的特点。项目资本金（外商投资项目为注册资本），是指在建设项目总投资（外商投资项目为投资总额）中，由投资者认缴的出资额，对建设项目来说是非债务性资金，项目法人不承担这部分资金的任何利息和债务；投资者可按其出资的比例依法享有所有者权益，也可转让其出资，但一般不得以任何方式抽回。

资本金是确定项目产权关系的依据，也是项目获得债务资金的信用基础。资本金没有固定的按期还本付息压力。股利是否支付和支付多少，视项目投产运营后的实际经营效果而定，因此，项目法人的财务负担较小。

2. 项目资本金的出资方式。投资者可以用货币出资，也可以用实物、工业产权、非专利技术、土地使用权、资源开采权等作价出资。作价出资的实物、工业产权、非专利技术、土地使用权和资源开采权，必须经过有资格的资产评估机构评估作价；其中以工业产权和非专利技术作价出资的比例一般不得超过项目资本金总额的20%（经特别批准，部分高新技术企业可以达到35%以上）。

为了使建设项目保持合理的资产结构，应根据投资各方及建设项目的具体情况选择项目资本金的出资方式，以保证项目能顺利建设并在建成后能正常运营。

3. 项目资本金的来源渠道和筹措方式。

1）股东直接投资。股东直接投资包括政府授权投资机构入股资金、国内外企业入股资金、社会团体和个人入股的资金以及基金投资公司入股的资金，分别构成国家资本金、法人资本金、个人资本金和外商资本金。

既有法人融资项目，股东直接投资表现为扩充既有企业的资本金，包括原有股东增资扩股和吸收新股东投资。

新设法人融资项目，股东直接投资表现为项目投资者为项目提供资本金。合资经营公司的资本金由企业的股东按股权比例认缴，合作经营公司的资本金由合作投资方按预先约定的金额投入。

2）股票融资。无论是既有法人融资项目还是新设法人融资项目，凡符合规定条件的，均可以通过发行股票在资本市场募集股本资金。股票融资可以采取公募与私募两种形式。公募又称公开发行，是在证券市场上向不特定的社会公众公开发行股票。为了保障广大投资者的利益，国家对公开发行股票有严格的要求，发行股票的企业要有较高的信用，符合证券监管部门规定的各项发行条件，并获得证券监管部门批准后方可发行。私募又称不公开发行或内部发行，是指将股票直接出售给少数特定的投资者。

股票融资具有下列特点：

A. 股票融资所筹资金是项目的股本资金，可作为其他方式筹资的基础，可增强融资主体的举债能力；

B. 股票融资所筹资金没有到期偿还的问题，投资者一旦购买股票便不得退股；

C. 普通股股票的股利支付，可视融资主体的经营好坏和经营需要而定，因而融资风险较小；

D. 股票融资的资金成本较高，因为股利需从税后利润中支付、不具有抵税作用，而且发行费用也较高；

E. 上市公开发行股票，必须公开披露信息，接受投资者和社会公众的监督。

3) 政府投资。政府投资资金，包括各级政府的财政预算内资金、国家批准的各种专项建设基金、统借国外贷款、土地批租收入、地方政府按规定收取的各种费用及其他预算外资金等。政府投资主要用于关系国家安全和市场不能有效配置资源的经济和社会领域，包括加强公益性和公共基础设施建设，保护和改善生态环境，促进欠发达地区的经济和社会发展，推进科技进步和高新技术产业化。中央政府投资除本级政权等建设外，主要安排跨地区、跨流域以及对经济和社会发展全局有重大影响的项目（例如三峡工程、青藏铁路）。

对政府投资资金，国家根据资金来源、项目性质和调控需要，分别采取直接投资、资本金注入、投资补助、转贷和贷款贴息等方式，并按项目安排使用。

在项目评价中，对投入的政府投资资金，应根据资金投入的不同情况进行不同的处理：

A. 全部使用政府直接投资的项目，一般为非经营性项目，不需要进行融资方案分析。

B. 以资本金注入方式投入的政府投资资金，在项目评价中应视为权益资金。

C. 以投资补贴、贷款贴息等方式投入的政府投资资金，在项目评价中应视为现金流入，根据具体情况分别处理。

D. 以转贷方式投入的政府投资资金（统借国外贷款），在项目评价中应视为债务资金。

3.5 项目债务资金的来源渠道和筹措方式

1. 项目债务资金的特点。债务资金是项目投资中以负债方式从金融机构、证券市场等资本市场取得的资金。债务资金具有以下特点：

1）资金在使用上具有时间性限制，到期必须偿还；

2）无论项目的融资主体今后经营效果好坏，均需按期还本付息，从而形成企业的财务负担；

3）资金成本一般比权益资金低，且不会分散投资者对企业的控制权。

2. 项目债务资金的来源渠道和筹措方式。

1）商业银行贷款。商业银行贷款是我国建设项目获得短期、中长期贷款的重要渠道。

国内商业银行贷款手续简单、成本较低，适用于有偿债能力的建设项目。

2）政策性银行贷款。政策性银行贷款一般期限较长，利率较低，是为配合国家产业政策等的实施，对有关的政策性项目提供的贷款。

我国政策性银行有国家开发银行、中国进出口银行和中国农业发展银行。

3）外国政府贷款。外国政府贷款是一国政府向另一国政府提供的具有一定的援助或部分赠予性质的低息优惠贷款。

目前我国可利用的外国政府贷款主要有：日本国际协力银行贷款、日本能源贷款、美国国际开发署贷款、加拿大国际开发署贷款，以及德国、法国等国的政府贷款。

外国政府贷款有以下特点：

A. 在经济上带有援助性质，期限长，利率低，有的甚至无息。一般年利率为2%～4%，还款平均期限为20～30年，最长可达50年。

B. 贷款一般以混合贷款方式提供，即在贷款总额中，政府贷款一般占三分之一，其余三分之二为出口信贷。

C. 贷款一般都限定用途，如用于支付从贷款国进口设备，或用于某类项目建设。

我国各级财政可以为外国政府贷款提供担保，按照财政担保方式分为三类：国家财政部担保、地方财政厅（局）担保、无财政担保。

4）国际金融组织贷款。国际金融组织贷款是国际金融组织按照章程向其成员国提供的各种贷款。目前与我国关系最为密切的国际金融组织是国际货币基金组织、世界银行和亚洲开发银行。国际金融组织一般都有自己的贷款政策，只有这些组织认为应当支持的项目才能得到贷款。使用国际金融组织的贷款需要按照这些组织的要求提供资料，并且需要按照规定的程序和方法来实施项目。

• 国际货币基金组织贷款。国际货币基金组织的贷款只限于成员国财政和金融当局，不与任何企业发生业务，贷款用途限于弥补国际收支逆差或用于经常项目的国际支付，期限为1～5年。

• 世界银行贷款。世界银行贷款具有以下特点：

A. 贷款期限较长。一般为20年左右，最长可达30年，宽限期为5年。

B. 贷款利率实行浮动利率，随金融市场利率的变化定期调整，但一般低于市场利率。对已订立贷款契约而未使用的部分，要按年征收0.75%的承诺费。

C. 世界银行通常对其资助的项目只提供货物和服务所需要的外汇部分，约占项目总额的30%～40%，个别项目可达50%。但在某些特殊情况下，世界银行也提供建设项目所需要的部分国内费用。

D. 贷款程序严密，审批时间较长。借款国从提出项目到最终同世界银行签订贷款协议获得资金，一般要一年半到两年时间。

• 亚洲开发银行贷款。亚洲开发银行贷款分为硬贷款、软贷款和赠款。硬贷款是由亚行普通资金提供的贷款，贷款的期限为10～30年，含2～7年的宽限期，贷款的利率为浮动利率，每年调整一次。软贷款又称优惠利率贷款，是由亚行开发基金提供的贷款，贷款的期限为40年，含10年的宽限期，不收利息，仅收1%的手续费，此种贷款只提供还款能力有限的发展中国家。赠款资金由技术援助特别基金提供。

5)出口信贷。出口信贷是设备出口国政府为促进本国设备出口，鼓励本国银行向本国出口商或外国进口商（或进口方银行）提供的贷款。贷给本国出口商的称卖方信贷，贷给外国进口商（或进口方银行）的称“买方信贷”。贷款的使用条件是购买贷款国的设备。出口信贷利率通常要低于国际上商业银行的贷款利率，但需要支付一定的附加费用（管理费、承诺费、信贷保险费等）。

6)银团贷款。银团贷款是指多家银行组成一个集团，由一家或几家银行牵头，采用同一贷款协议，按照共同约定的贷款计划，向借款人提供贷款的贷款方式。

银团贷款，除具有一般银行贷款的特点和要求外，由于参加银行较多，需要多方协商，贷款过程周期长。使用银团贷款，除支付利息之外，按照国际惯例，通常还要支付承诺费、管理费、代理费等。银团贷款主要适用于资金需求量大、偿债能力较强的建设项目。

7）企业债券。企业债券是企业以自身的财务状况和信用条件为基础，依照《中华人民共和国证券法》、《中华人民共和国公司法》等法律法规规定的条件和程序发行的、约定在一定期限内还本付息的债券，如三峡债券、铁路债券等。

企业债券代表着发债企业和债券投资者之间的一种债权债务关系。债券投资者是企业的债权人，不是所有者，无权参与或干涉企业经营管理，但有权按期收回本息。

企业债券融资的特点是：筹资对象广、市场大，但发债条件严格、手续复杂；其利率虽低于银行贷款利率但发行费用较高，需要支付承销费、发行手续费、兑付手续费及担保费等费用。适用于资金需求大，偿债能力较强的建设项目。

目前，我国企业债券的发行总量需纳入国家信贷计划，申请发行企业债券必须经过严格的审核，只有实力强、资信好的企业才有可能被批准发行企业债券，还必须有实力很强的第三方提供担保。

8）国际债券。国际债券是一国政府、金融机构、工商企业或国际组织为筹措和融通资金，在国际金融市场上发行的、以外国货币为面值的债券。国际债券的重要特征，是债券发行者和债券投资者属于不同的国家，筹集的资金来源于国际金融市场。

按照发行债券所用货币与发行地点的不同，国际债券主要有外国债券和欧洲债券两种。

发行国际债券的优点是资金规模巨大、稳定、借款时间较长，可以获得外汇资金；缺点是发债条件严格、信用要求高、筹资成本高、手续复杂。适用于资金需求大，能吸引外资的建设项目。

因国际债券的发行涉及到国际收支管理，国家对企业发行国际债券进行严格的管理。

9）融资租赁。融资租赁是资产拥有者在一定期限内将资产租给承租人使用，由承租人分期付给一定的租赁费的融资方式。融资租赁是一种以租赁物品的所有权与使用权相分离为特征的信贷方式。

融资租赁，一般由出租人按承租人选定的设备，购置后出租给承租人长期使用。在租赁期内，出租人以收取租金的形式收回投资，并取得收益；承租人支付租金租用设备进行生产经营活动。租赁期满后，出租人一般将设备作价转让给承租人。

融资租赁的优点是企业可不必预先筹集一笔相当于资产买价的资金就可以获得需要资产的使用权。这种融资方式适用于以购买设备为主的建设项目。

3.6 既有法人内部融资

1. 建设项目采用既有法人融资方式，既有法人的资产也是项目建设资金的来源之一。既有法人资产在企业资产负债表中表现为企业的现金资产和非现金资产，它可能由企业的所有者权益形成，也可能由企业的负债形成。企业现有资产的形成，主要来源于三个方面：①企业股东过去投入的资本金；②企业对外负债的债务资金；③企业经营所形成的净现金流量。对于企业的某一项具体资产来说，我们无法确定它是资本金形成的，还是债务资金形成的。当企业采用既有法人融资方式，以企业的资产或资产变现获得的资金，投资于本企业的改扩建项目时，我们同样不能确定其属性是资本金，还是债务资金。但当A企业以现有资产投资于另一个具有独立法人资格的B项目（企业）时，对B项目（企业）来说，A企业投入的资产，应视为资本金。

2. 既有法人内部融资的渠道和方式。

1）可用于项目建设的货币资金。可用于项目建设的货币现金包括既有法人现有的货币资金和未来经营活动中可能获得的盈余现金。

现有的货币资金是指现有的库存现金和银行存款，扣除必要的日常经营所需的货币资金额，多余的货币资金可用于项目建设。

未来经营活动中可能获得的盈余现金，是指在拟建项目的建设期内，企业在经营活动中获得的净现金节余，可以抽出一部分用于项目建设。

企业现有的库存现金及银行存款可以通过企业的资产负债表了解。企业未来经营活动可能获得的盈余现金，需要通过对企业未来现金流量的预测来估算。

2）资产变现的资金。资产变现的资金是指既有法人将流动资产、长期投资和固定资产变现为现金的资金。企业可以通过加强财务管理，提高流动资产周转率，减少存货、应收账款等流动资产占用而取得现金，也可以出让有价证券取得现金。企业的长期投资包括长期股权投资和长期债权投资，一般都可以通过转让而变现。企业的固定资产中，有些由于产品方案改变而被闲置，有些由于技术更新而被替换，都可以出售变现。

3)资产经营权变现的资金。资产经营权变现的资金是指既有法人可以将其所属资产经营权的一部分或全部转让，取得现金用于项目建设。如某公司将其已建成的一座大桥的45%的经营权转让给另一家公司，转让价格为未来15年这座大桥收益的45%，然后将这笔资金用于建设另一座大桥。

4)直接使用非现金资产。既有法人的非现金资产（包括实物、工业产权、非专利技术、土地使用权等）适用于拟建项目的，经资产评估可直接用于项目建设。当既有法人在改扩建项目中直接使用本单位的非现金资产时，其资产价值应计入“有项目”的项目总投资中，但不能计作新增投资。

3.7 准股本资金

准股本资金是一种既具有资本金性质、又具有债务资金性质的资金。准股本资金主要包括优先股股票和可转换债券。

1. 优先股股票。优先股股票是一种兼具资本金和债务资金特点的有价证券。从普通股股东的立场看，优先股可视同一种负债；但从债权人的立场看，优先股可视同为资本金。

如同债券一样，优先股股息有一个固定的数额或比率，通常大大高于银行的贷款利息，该股息不随公司业绩的好坏而波动，并且可以先于普通股股东领取股息；如果公司破产清算，优先股股东对公司剩余财产有先于普通股股东的要求权。优先股一般不参加公司的红利分配，持股人没有表决权，也不能参与公司的经营管理。

优先股股票相对于其他债务融资，通常处于较后的受偿顺序，且股息在税后利润中支付。在项目评价中优先股股票应视为项目资本金。

2. 可转换债券。可转换债券，是一种可以在特定时间、按特定条件转换为普通股股票的特殊企业债券，兼有债券和股票的特性。

可转换债券有以下三个特点：

1)债权性。与其他债券一样，可转换债券也有规定的利率和期限，债券持有人可以选择持有债券到期，收取本金和利息。

2)股权性。可转换债券在转换成股票之前是纯粹的债券，但在转换成股票之后，原债券持有人就由债权人变成了公司的股东，可参与企业的经营决策和红利分配。

3)可转换性。债券持有人有权按照约定的条件将债券转换成股票。转股权是投资者享有的、普通企业债券所没有的选择权。可转换债券在发行时就明确约定，债券持有人可按照发行时约定的价格将债券转换成公司的普通股股票。如果债券持有人不想转换，则可继续持有债券，直到偿还期满时收取本金和利息，或者在流通市场出售变现。

由于可转换债券附有普通企业债券所没有的转股权，因此可转换债券利率一般低于普通企业债券利率，企业发行可转换债券有助于降低资金成本。但可转换债券在一定条件下可转换为公司股票，因而可能会造成股权的分散。

在项目评价中，可转换债券应视为项目债务资金。

3.10 资金结构分析

资金结构是指融资方案中各种资金的比例关系。融资方案分析中，资金结构分析是一项重要内容。资金结构包括项目资本金与项目债务资金的比例、项目资本金内部结构的比例和项目债务资金内部结构的比例。

1. 项目资本金与项目债务资金的比例。

1）项目资本金与项目债务资金的比例是项目资金结构中最重要的比例关系。项目投资者希望投入较少的资本金，获得较多的债务资金，尽可能降低债权人对股东的追索。而提供债务资金的债权人则希望项目能够有较高的资本金比例，以降低债权的风险。当资本金比例降低到银行不能接受的水平时，银行将会拒绝贷款。资本金与债务资金的合理比例需要由各个参与方的利益平衡来决定。

资本金所占比例越高，企业的财务风险和债权人的风险越小，可能获得较低利率的债务资金。债务资金的利息是在所得税前列支的，可以起到合理减税的效果。在项目的收益不变、项目投资财务内部收益率高于负债利率的条件下，由于财务杠杆的作用，资本金所占比例越低，资本金财务内部收益率就越高，同时企业的财务风险和债权人的风险也越大。因此，一般认为，在符合国家有关资本金（注册资本）比例规定、符合金融机构信贷法规及债权人有关资产负债比例的要求的前提下，既能满足权益投资者获得期望投资回报的要求、又能较好地防范财务风险的比例是较理想的资本金与债务资金的比例。

2）按照我国有关法规规定，从1996年开始，对各种经营性国内投资项目试行资本金制度，投资项目资本金占总投资的比例，根据不同行业和项目的经济效益等因素确定，具体规定如下：

交通运输、煤炭项目，资本金比例为35%及以上；

钢铁、邮电、化肥项目，资本金比例为25%及以上；

电力、机电、建材、化工、石油加工、有色、轻工、纺织、商贸及其他行业的项目，资本金比例为20%及以上。

作为计算资本金基数的总投资，是指投资项目的固定资产投资（即建设投资和建设期利息之和）与铺底流动资金之和。

根据国民经济发展的实际情况，政府有关部门可能调整建设项目的资本金比例。2004年4月国务院决定，钢铁项目资本金比例由25%及以上提高到40%及以上，水泥、电解铝、房地产开发项目（不含经济适用房项目）资本金比例由20%及以上提高到35%及以上。2005年11月国务院又决定将铜冶炼项目资本金比例由20%及以上提高到35%及以上。

3）外商投资项目（包括外商独资、中外合资、中外合作经营项目）的注册资本与投资总额的比例，按照现行法规，具体规定如下：

投资总额在300万美元以下（含300万美元）的，其注册资本的比例不得低于70%。

投资总额在300万美元以上至1000万美元（含1000万美元）的，其注册资本的比例不得低于50%，其中投资总额在420万美元以下的，注册资本不得低于210万美元。

投资总额在1000万美元以上至3000万美元（含3000万美元）的，其注册资本的比例不得低于40%，其中投资总额在1250万美元以下的，注册资本不得低于500万美元。

投资总额在3000万美元以上的，其注册资本的比例不得低于三分之一，其中投资总额在3600万美元以下的，注册资本不得低于1200万美元。

投资总额是指建设投资、建设期利息和流动资金之和。

2. 项目资本金内部结构比例是指项目投资各方的出资比例。不同的出资比例决定各投资方对项目建设和经营的决策权和承担的责任，以及项目收益的分配。

1）采用新设法人融资方式的项目，应根据投资各方在资金、技术和市场开发方面的优势，通过协商确定各方的出资比例、出资形式和出资时间。

2）采用既有法人融资方式的项目，项目的资金结构要考虑既有法人的财务状况和筹资能力，合理确定既有法人内部融资与新增资本金在项目融资总额中所占的比例，分析既有法人内部融资与新增资本金的可能性与合理性。既有法人将现金资产和非现金资产投资于拟建项目长期占用，将使企业的财务流动性降低，其投资额度受到企业自身财务资源的限制。

3）按照我国现行规定，有些项目不允许国外资本控股，有些项目要求国有资本控股。如2005年1月1日起施行的《外商投资产业指导目录（2004年修订）》中明确规定，核电站、铁路干线路网、城市地铁及轻轨等项目，必须由中方控股。

根据投资体制改革的精神，国家放宽社会资本的投资领域，允许社会资本进入法律法规未禁入的基础设施、公用事业及其他行业和领域。按照促进和引导民间投资（指个体、私营经济以及它们之间的联营、合股等经济实体的投资）的精神，除国家有特殊规定的以外，凡是鼓励和允许外商投资进入的领域，均鼓励和允许民间投资进入。因此，在进行融资方案分析时，应关注出资人出资比例的合法性。

3. 项目债务资金结构比例反映债权各方为项目提供债务资金的数额比例、债务期限比例、内债和外债的比例，以及外债中各币种债务的比例等。在确定项目债务资金结构比例时，可借鉴下列经验：

1）根据债权人提供债务资金的条件（包括利率、宽限期、偿还期及担保方式等）合理确定各类借款和债券的比例，可以降低融资成本和融资风险。

2）合理搭配短期、中长期债务比例。适当安排一些短期负债可以降低总的融资成本，但过多采用短期负债，会产生财务风险。大型基础设施项目的负债融资应以长期债务为主。

3）合理安排债务资金的偿还顺序。尽可能先偿还利率较高的债务，后偿还利率低的债务。对于有外债的项目，由于有汇率风险，通常应先偿还硬货币（指货币汇率比较稳定、且有上浮趋势的货币）的债务，后偿还软货币（指汇率不稳定、且有下浮趋势的货币）的债务。应使债务本息的偿还不致影响企业正常生产所需的现金量。

4）合理确定内债和外债的比例。内债和外债的比例主要取决于项目用汇量。从项目本身的资金平衡考虑，产品内销的项目尽量不要借用外债，可以采用投资方注入外汇或者以人民币购汇。

5）合理选择外汇币种。选择外汇币种应遵循以下原则：

A. 选择可自由兑换货币。可自由兑换货币是指实行浮动汇率制且有人民币报价的货币，如美元、英镑、日元等，它有助于外汇风险的防范和外汇资金的调拨。

B. 付汇用软货币，收汇用硬货币。对于建设项目的外汇贷款，在选择还款币种时，尽可能选择软货币。当然，软货币的外汇贷款利率通常较高，这就需要在汇率变化与利率差异之间做出预测和抉择。

6)合理确定利率结构。当资本市场利率水平相对较低，且有上升趋势时，尽量借固定利率贷款；当资本市场利率水平相对较高，且有下降趋势时，尽量借浮动利率贷款。

3.11 资金成本分析

1. 资金成本是指项目为筹集和使用资金而支付的费用，包括资金占用费和资金筹集费。资金成本通常用资金成本率表示。资金成本率是指使用资金所负担的费用与筹集资金净额之比，其公式为：

$$\text{资金成本率}=\frac{\text{资金占用费}}{\text{筹集资金总额}-\text{资金筹集费}}\times 100\% \qquad (3.11-1)$$

由于资金筹集费一般与筹集资金总额成正比，所以一般用筹资费用率表示资金筹集费，因此资金成本率公式也可以表示为：

$$\text{资金成本率}=\frac{\text{资金占用费}}{\text{筹集资金总额}\times(1-\text{筹资费用率})}\times 100\% \qquad (3.11-2)$$

2. 债务资金成本由债务资金筹集费和债务资金占用费组成。债务资金筹集费是指债务资金筹集过程中支付的费用，如承诺费、发行手续费、担保费、代理费以及债券兑付手续费等；债务资金占用费是指使用债务资金过程中发生的经常性费用，如贷款利息和债券利息。

含筹资费用的税后债务资金成本的表达式为：

$$P_0(1-F)=\sum_{t=1}^{n}\frac{P_t+I_t(1-T)}{(1+K_d)^t} \qquad (3.11-3)$$

式中 P_0——债券发行额或长期借款金额，即债务现值；

F——债务资金筹资费用率；

I_t——约定的第 t 期末支付的债务利息；

P_t——约定的第 t 期末偿还债务本金；

K_d——所得税后债务资金成本；

T——所得税率；

n——债务期限，通常以年表示。

上述公式中，等号左边是债务人的实际现金流入；等号右边为债务引起的未来现金流出的现值总额。本公式中未计入债券兑付手续费（可忽略不计）。

使用该公式时应根据项目具体情况确定债务期限内各年的利息是否应乘以（$1-T$），如：在项目的建设期内不应乘以（$1-T$），在项目运营期内的所得税免征年份也不应乘以（$1-T$）。

3. 权益资金成本的估算比较困难，因为很难对项目未来的收益以及股东对未来风险所要求的风险溢价做出准确的测定。可采用的计算方法主要有：资本资产定价模型法、税前债务成本加风险溢价法和股利增长模型法。

1）采用资本资产定价模型法，权益资金成本的计算公式为：

$$K_s = R_f + \beta(R_m - R_f) \tag{3.11-4}$$

式中 K_S——权益资金成本；

R_f——社会无风险投资收益率；

β——项目的投资风险系数；

R_m——市场投资组合预期收益率。

2）采用税前债务成本加风险溢价法，权益资金成本的计算公式为：

$$K_s = K_b + RP_c \tag{3.11-5}$$

式中 K_s——权益资金成本；

K_b——所得税前的债务资金成本；

RP_c——投资者比债权人承担更大风险所要求的风险溢价。

3）采用股利增长模型法，权益资金成本的计算公式为：

$$K_s = \frac{D_1}{P_0} + G \tag{3.11-6}$$

式中 K_s——权益资金成本；

D_1——预期年股利额；

P_0——普通股市价；

G——普通股利年增长率。

4. 为了比较不同融资方案的资金成本，需要计算加权平均资金成本。加权平均资金成本一般是以各种资金占全部资金的比重为权数，对个别资金成本进行加权平均确定的，其计算公式为：

$$K_w = \sum_{j=1}^{n} K_j W_j \tag{3.11-7}$$

式中 K_w——加权平均资金成本；

K_j——第 j 种个别资金成本；

W_j——第 j 种个别资金成本占全部资金的比重（权数）。

3.12 融资风险分析

融资风险是指融资活动存在的各种风险。融资风险有可能使投资者、项目法人、债权人等各方蒙受损失。在融资方案分析中，应对各种融资方案的融资风险进行识别、比较，并对最终推荐的融资方案提出防范风险的对策。融资风险分析中应重点考虑下列风险因素：

1. 资金供应风险。资金供应风险是指在项目实施过程中由于资金不落实，导致建设工期延长，工程造价上升，使原定投资效益目标难以实现的可能性。导致资金不落实的原因很多，主要包括：

1)已承诺出资的股本投资者由于出资能力有限（或者由于拟建项目的投资效益缺乏足够的吸引力）而不能（或不再）兑现承诺；

2)原定发行股票、债券计划不能实现；

3)既有企业法人由于经营状况恶化，无力按原定计划出资。

为防范资金供应风险，必须认真做好资金来源可靠性分析（详见本章条文3.9）。在选择股本投资者时，应当选择资金实力强、既往信用好、风险承受能力强的投资者。

2. 利率风险。利率风险是指由于利率变动导致资金成本上升，给项目造成损失的可能性。利率水平随金融市场情况而变动，未来市场利率的变动会引起项目资金成本发生变动。采用浮动利率，项目的资金成本随利率的上升而上升，随利率的下降而下降。采用固定利率，如果未来利率下降，项目的资金成本不能相应下降，相对资金成本将升高。因此，无论采用浮动利率还是固定利率都存在利率风险。为了防范利率风险，应对未来利率的走势进行分析，以确定采用何种利率。

3. 汇率风险。汇率风险是指由于汇率变动给项目造成损失的可能性。国际金融市场上各国货币的比价在时刻变动，使用外汇贷款的项目，未来汇率的变动会引起项目资金成本发生变动以及未来还本付息费用支出的变动。某些硬货币贷款利率较低，但汇率风险较高；软货币则相反，汇率风险较低，但贷款利率较高。为了防范汇率风险，使用外汇数额较大的项目应对人民币的汇率走势、所借外汇币种的汇率走势进行分析，以确定借用何种外汇币种以及采用何种外汇币种结算。一般情况下应尽量借用软货币。

4 财务分析

4.1 财务分析是项目经济评价的重要组成部分

财务分析是在财务效益与费用的估算以及编制财务辅助报表的基础上，编制财务报表，计算财务分析指标，考察和分析项目的盈利能力、偿债能力和财务生存能力，判断项目的财务可行性，明确项目对财务主体的价值以及对投资者的贡献，为投资决策、融资决策以及银行审贷提供依据。

项目类型的不同会影响财务分析内容的选择。对于经营性项目，应按本章内容进行全面的财务分析。

对于非经营性项目，财务分析主要分析项目的财务生存能力。

4.2 融资前分析与融资后分析的关系

项目决策可分为投资决策和融资决策两个层次。投资决策重在考察项目净现金流的价值是否大于其投资成本，融资决策重在考察资金筹措方案能否满足要求。严格分，投资决策在先，融资决策在后。根据不同决策的需要，财务分析可分为融资前分析和融资后分析。

财务分析一般宜先进行融资前分析，融资前分析是指在考虑融资方案前就可以开始进行的财务分析，即不考虑债务融资条件下进行的财务分析。在融资前分析结论满足要求的情况下，初步设定融资方案，再进行融资后分析，融资后分析是指以设定的融资方案为基础进行的财务分析。

在项目的初期研究阶段，也可只进行融资前分析。

融资前分析只进行盈利能力分析，并以项目投资折现现金流量分析为主，计算项目投资内部收益率和净现值指标，也可计算投资回收期指标（静态）。融资后分析主要是针对项目资本金折现现金流量和投资各方折现现金流量进行分析，既包括盈利能力分析，又包括偿债能力分析和财务生存能力分析等内容。

4.3 融资前分析

1. 融资前项目投资现金流量分析，是从项目投资总获利能力角度，考察项目方案设计的合理性。根据需要，可从所得税前和（或）所得税后两个角度进行考察，选择计算所得税前和（或）所得税后指标。

计算所得税前指标的融资前分析（所得税前分析）是从息前税前角度进行的分析；计算所得税后指标的融资前分析（所得税后分析）是从息前税后角度进行的分析。

2. 进行现金流量分析应正确识别和选用现金流量，包括现金流入和现金流出。融资前财务分析的现金流量应与融资方案无关。从该原则出发，融资前项目投资现金流量分析的现金流量主要包括营业收入、建设投资、流动资金、经营成本、营业税金及附加和所得税。

为了体现与融资方案无关的要求，各项现金流量的估算中都需要剔除利息的影响。例如采用不含利息的经营成本作为现金流出，而不是总成本费用；在流动资金估算、经营成本中的修理费和其他费用估算过程中应注意避免利息的影响等。

所得税前和所得税后分析的现金流入完全相同，但现金流出略有不同，所得税前分析不将所得税作为现金流出，所得税后分析视所得税为现金流出。

3. 所得税前分析的现金流入主要是营业收入，还可能包括补贴收入，在计算期的最后一年，还包括回收固定资产余值及回收流动资金；现金流出主要包括建设投资、流动资金、经营成本、营业税金及附加，如果运营期内需要发生设备或设施的更新费用以及矿山、石油开采项目的拓展费用等（记作维持运营投资），也应作为现金流出。净现金流量（现金流入与现金流出之差）是计算分析指标的基础。

根据上述现金流入与流出编制项目投资现金流量表，并依据该表计算项目投资息税前财务内部收益率（*FIRR*）和项目投资息税前财务净现值（*FNPV*）。

按所得税前的净现金流量计算的相关指标，即所得税前指标，是投资盈利能力的完整体现，用以考察由项目方案设计本身所决定的财务盈利能力，它不受融资方案和所得税政策变化的影响，仅仅体现项目方案本身的合理性。所得税前指标可以作为初步投资决策的主要指标，用于考察项目是否基本可行，并值得去为之融资。所谓“初步”是相对而言，意指根据该指标投资者可以做出项目实施后能实现投资目标的判断，此后再通过融资方案的比选分析，有了较为满意的融资方案后，投资者才能决定最终出资。所得税前指标应该受到项目有关各方（项目发起人、项目业主、项目投资人、银行和政府管理部门）广泛的关注。所得税前指标还特别适用于建设方案设计中的方案比选。

4. 项目投资现金流量表中的“所得税”应根据息税前利润（*EBIT*）乘以所

得税率计算，称为“调整所得税”。原则上，息税前利润的计算应完全不受融资方案变动的影响，即不受利息多少的影响，包括建设期利息对折旧的影响（因为折旧的变化会对利润总额产生影响，进而影响息税前利润）。但如此将会出现两个折旧和两个息税前利润（用于计算融资前所得税的息税前利润和利润表中的息税前利润）。为简化起见，当建设期利息占总投资比例不是很大时，也可按利润表中的息税前利润计算调整所得税。

所得税后分析是所得税前分析的延伸。由于所得税作为现金流出，可用于非融资的条件下判断项目投资对企业价值的贡献，是企业投资决策依据的主要指标。

5. 财务分析中，一般将内部收益率的判别基准（i_c）和计算净现值的折现率采用同一数值，可使 $FIRR \geqslant i_c$ 对项目效益的判断和采用 i_c 计算的 $FNPV \geqslant 0$ 对项目效益的判断结果一致。

作为项目投资判别基准的财务基准收益率或计算项目投资净现值的折现率，应主要依据“资金机会成本”和“资金成本”确定，并充分考虑项目可能面临的风险。项目的投资目标、投资人的偏好、项目隶属的行业对确定基准收益率或折现率有重要影响。实际工作中，应根据项目的性质使用有关部门发布的行业财务基准收益率，或参考使用有关主管部门发布的财务基准收益率。

计算净现值的折现率也可取不同于内部收益率判别基准的数值。折现率的取值应十分谨慎，因为折现率的微小差异，会带来净现值数以万计的差异。依据不充分时或可变因素较多时，可取几个不同数值的折现率，计算多个净现值，以给决策者提供全面的信息。

在判别基准的设定中是否考虑价格总水平变动因素，应与指标计算时对价格总水平变动因素的处理相一致。在项目投资现金流量表的编制中一般不考虑价格总水平变动因素，所以在判别基准的设定中通常要剔除价格总水平变动因素的影响。

在判别基准的设定中是否考虑所得税因素，应与指标的内涵相对应。设定所得税前指标的判别基准时，应含所得税；而设定所得税后指标的判别基准时，应剔除所得税。

6. 进行财务分析首先要进行融资前分析。它与融资条件无关，其依赖数据少，报表编制简单，但其分析结论可满足方案比选和初步投资决策的需要。如果分析结果表明项目效益符合要求，再考虑融资方案，继续进行融资后分析；如果分析结果不能满足要求，可以通过修改方案设计完善项目方案，必要时甚至可据此做出放弃项目的建议。

融资前分析应广泛应用于项目各阶段的财务分析。在规划和机会研究阶段，可以只进行融资前分析，此时也可只选取所得税前指标。

只有通过了融资前分析的检验，才有必要进一步进行融资后分析。

4.4 融资后分析

在融资前分析结果可以接受的前提下，可以开始考虑融资方案，进行融资后分析。融资后分析包括项目的盈利能力分析、偿债能力分析以及财务生存能力分析，进而判断项目方案在融资条件下的合理性。融资后分析是比选融资方案，进行融资决策和投资者最终决定出资的依据。可行性研究阶段必须进行融资后分析，但只是阶段性的。实践中，在可行性研究报告完成之后，还需要进一步深化融资后分析，才能完成最终融资决策。

4.5 融资后的盈利能力分析

融资后的盈利能力分析，包括动态分析（折现现金流量分析）和静态分析（非折现盈利能力分析）：

1. 动态分析。动态分析是通过编制财务现金流量表，根据资金时间价值原理，计算财务内部收益率、财务净现值等指标，分析项目的获利能力。融资后的动态分析可分为下列两个层次：

1)项目资本金现金流量分析。项目资本金现金流量分析是从项目权益投资者整体的角度，考察项目给项目权益投资者带来的收益水平。它是在拟定的融资方案基础上进行的息税后分析，依据的报表是项目资本金现金流量表。该表将各年投入项目的项目资本金作为现金流出，各年缴付的所得税和还本付息也作为现金流出，因此其净现金流量可以表示在缴税和还本付息之后的剩余，即项目（或企业）增加的净收益，也是投资者的权益性收益。因此计算的项目资本金内部收益率指标反映从投资者整体权益角度考察盈利能力的要求，也就是从项目发起人（或企业）角度对盈利能力进行判断的要求。在依据融资前分析的指标对项目基本获利能力有所判断的基础上，项目资本金内部收益率指标体现了在一定的融资方案下，投资者整体所能获得的权益性收益水平。该指标可用来对融资方案进行比较和取舍，是投资者整体做出最终融资决策的依据，也可进一步帮助投资者最终决策出资。

项目资本金内部收益率的判别基准是项目投资者整体对投资获利的最低期望值，亦即最低可接受收益率。当计算的项目资本金内部收益率大于或等于该最低可接受收益率时，说明投资获利水平大于或达到了要求，是可以接受的。最低可接受收益率的确定主要取决于当时的资本收益水平以及投资者对权益资金收益的要求。它与资金机会成本和投资者对风险的态度有关。

2)投资各方现金流量分析。投资各方的内部收益率表示了投资各方的收益水平。一般情况下，投资各方按股本比例分配利润和分担亏损及风险，因此投资各方的利益一般是均等的，没有必要计算投资各方的内部收益率。只有投资者中的各方有股权之外的不对等的利益分配时（契约式的合作企业常常会有这种情况），投资各方的收益率才会有差异，此时常常需要计算投资各方的内部收益率。计算投资各方的内部收益率可以看出各方收益是否均衡，或者其非均衡性是否在一个合理的水平上，有助于促成投资各方在合作谈判中达成平等互利的协议。

2. 静态分析。静态分析是不采取折现方式处理数据，主要依据利润与利润分配表，并借助现金流量表计算相关盈利能力指标，包括项目资本金净利润率（*ROE*）、总投资收益率（*ROI*）等。

对静态分析指标的判断，应按不同指标选定相应的参考值（企业或行业的对比值）。当静态分析指标分别符合其相应的参考值时，认为从该指标看盈利能力满足要求。如果不同指标得出的判断结论相反，应通过分析原因，得出合理的结论。

4.6 盈利能力分析的主要指标

盈利能力分析的主要指标是项目投资财务内部收益率、项目投资财务净现值和项目资本金财务内部收益率，其他指标可根据项目的特点及财务分析的目的、要求等选用。

4.7 偿债能力分析

1. 对筹措了债务资金（以下简称借款）的项目，偿债能力考察项目能否按期偿还借款的能力。通过计算利息备付率和偿债备付率指标，判断项目的偿债能力。如果能够得知或根据经验设定所要求的借款偿还期，可以直接计算利息备付率和偿债备付率指标；如果难以设定借款偿还期，也可以先大致估算出借款偿还期，再采用适宜的方法计算出每年需要还本和付息的金额，代入公式计算利息备付率和偿债备付率指标。需要估算借款偿还期时，可按下式估算：

$$借款偿还期 = 借款偿还后开始出现盈余年份 - 开始借款年份 + \frac{当年借款额}{当年可用于还款的资金额}$$

需注意的是，该借款偿还期只是为估算利息备付率和偿债备付率指标所用，不应与利息备付率和偿债备付率指标并列。

2. 按照有关法规，融资租赁固定资产可视同购置的固定资产一样计提折旧，同时按税法规定，融资租赁费用不应在所得税前扣除，因此项目评价中融资租赁费用的支付，可视作偿还本金处理，按要求的期限和数额逐年偿还。

3. 国际上偿债备付率的计算公式各有不同，从不同的角度考虑，分子和分母都会有所变化，本“方法与参数”给出的公式是基于我国所得税后还款的要求，并根据债权人要求的还款条件（期限和利率）按最大还款资金能力计算，即用于计算还本付息的资金包含的范围是息税前利润加上折旧和摊销，只扣除所得税和运营期间增加的投资支出。运营期间增加的投资支出主要指维持运营投资费用，对某些负荷变动大的项目，也可能会包括流动资金增加额（仅指在流动资金估算中未包括的部分）。

4.8 财务生存能力分析

在项目（企业）运营期间，确保从各项经济活动中得到足够的净现金流量是项目能够持续生存的条件。财务分析中应根据财务计划现金流量表，综合考察项目计算期内各年的投资活动、融资活动和经营活动所产生的各项现金流入和流出，计算净现金流量和累计盈余资金，分析项目是否有足够的净现金流量维持正常运营。为此，财务生存能力分析亦可称为资金平衡分析。

财务生存能力分析应结合偿债能力分析进行，如果拟安排的还款期过短，致使还本付息负担过重，导致为维持资金平衡必须筹借的短期借款过多，可以调整还款期，减轻各年还款负担。

通常因运营期前期的还本付息负担较重，故应特别注重运营期前期的财务生存能力分析。

通过以下相辅相成的两个方面可具体判断项目的财务生存能力：

1. 拥有足够的经营净现金流量是财务可持续的基本条件，特别是在运营初期。一个项目具有较大的经营净现金流量，说明项目方案比较合理，实现自身资金平衡的可能性大，不会过分依赖短期融资来维持运营；反之，一个项目不能产生足够的经营净现金流量，或经营净现金流量为负值，说明维持项目正常运行会遇到财务上的困难，项目方案缺乏合理性，实现自身资金平衡的可能性小，有可能要靠短期融资来维持运营；或者是非经营项目本身无能力实现自身资金平衡，提示要靠政府补贴。

2. 各年累计盈余资金不出现负值是财务生存的必要条件。在整个运营期间，允许个别年份的净现金流量出现负值，但不能容许任一年份的累计盈余资金出现负值。一旦出现负值时应适时进行短期融资，该短期融资应体现在财务计划现金流量表中，同时短期融资的利息也应纳入成本费用和其后的计算。较大的或较频繁的短期融资，有可能导致以后的累计盈余资金无法实现正值，致使项目难以持续运营。

财务计划现金流量表是项目财务生存能力分析的基本报表，其编制基础是财务分析辅助报表和利润与利润分配表。

4.9 财务分析的内容和步骤以及与第二章财务效益与费用估算的关系见财务分析图（图4.9）

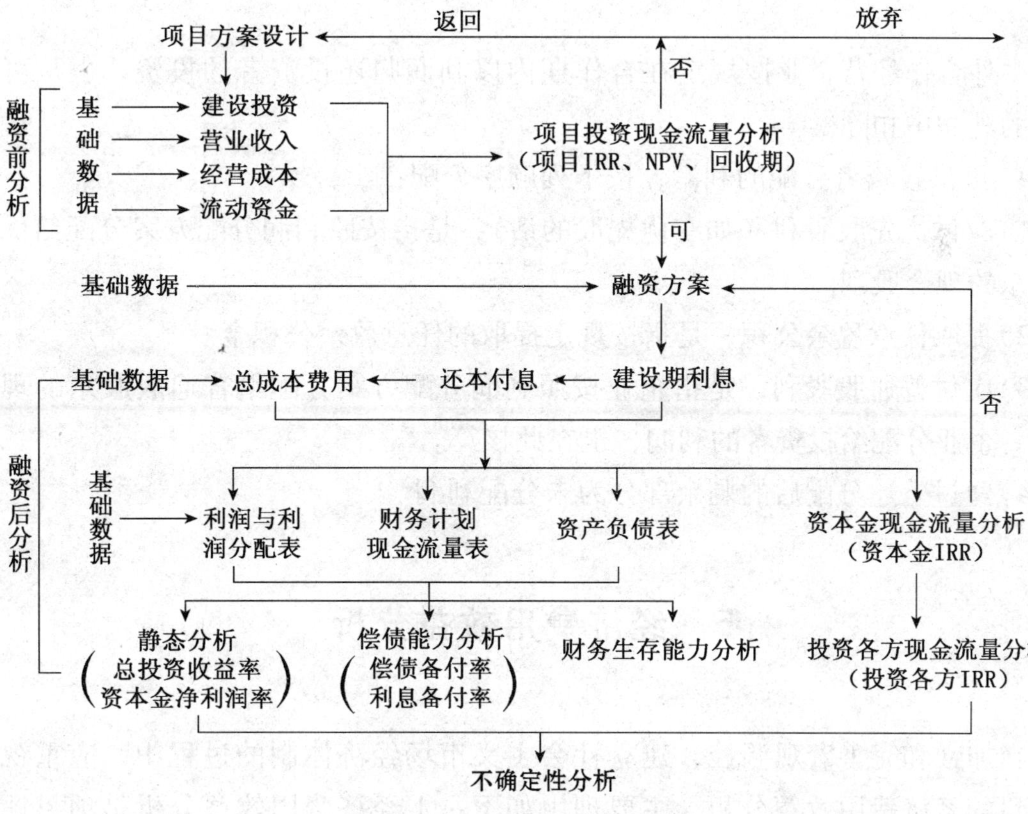

图4.9 财务分析图

4.10 财务分析报表

财务分析各种报表格式的设置以现行会计制度为依据，同时结合项目评价的特点进行简化和调整。

财务分析报表在编制过程中应注意相关表格的注释，结合项目具体情况适当增减科目。

在条文附录表 B12“利润与利润分配表”中，所得税科目以下的部分为利润分配内容。本表利润分配内容和顺序系根据《企业会计制度》（2001）的规定，具体为：

1. 当期实现的净利润，加上期初未分配利润（或减去期初未弥补亏损），为可供分配的利润。

2. 内资项目以当年净利润为基数提取法定盈余公积金；外商投资项目按有关法律提取的是储备基金、企业发展基金、职工奖励和福利基金。

3. 可供分配的利润减去提取的法定盈余公积金等后，为可供投资者分配的利润。

中外合作经营企业按规定在合作期内以利润归还投资者的投资，也从可供分配的利润中扣除。

4. 可供投资者分配的利润，按下列顺序分配：

1）应付优先股股利（如有优先股的话），是指按照利润分配方案分配给优先股股东的现金股利。

2）提取任意盈余公积，是指按规定提取的任意盈余公积金。

3）应付普通股股利，是指企业按照利润分配方案分配给普通股股东的现金股利。企业分配给投资者的利润，也在此核算。

4）经过上述分配后的剩余部分为未分配利润。

5 经济费用效益分析

在加强和完善宏观调控，建立社会主义市场经济体制的过程中，应重视建设项目的经济费用效益分析，主要理由如下：①经济费用效益分析是项目评价方法体系的重要组成部分，市场分析、技术方案分析、财务分析、环境影响分析、组织机构分析和社会评价都不能代替经济费用效益分析的功能和作用；②经济费用效益分析是市场经济体制下政府对公共项目进行分析评价的重要方法，是市场经济国家政府部门干预投资活动的重要手段；③在新的投资体制下，国家对项目的审批和核准重点放在项目的外部效果、公共性方面，经济费用效益分析强调从资源配置经济效率的角度分析项目的外部效果，通过费用效益分析及费用效果分析的方法判断建设项目的经济合理性，是政府审批或核准项目的重要依据。

5.1 经济费用效益分析是项目投资决策（包括不同角度的分析和评价）的主要内容之一

要求从资源合理配置的角度，分析项目投资的经济效率和对社会福利所做出的贡献，评价项目的经济合理性。其主要目的包括：

1. 全面识别整个社会为项目付出的代价，以及项目为提高社会福利所做出的贡献，评价项目投资的经济合理性；

2. 分析项目的经济费用效益流量与财务现金流量存在的差别，以及造成这些差别的原因，提出相关的政策调整建议；

3. 对于市场化运作的基础设施等项目，通过经济费用效益分析来论证项目的经济价值，为制定财务方案提供依据；

4. 分析各利益相关者为项目付出的代价及获得的收益，通过对受损者及受益者的经济费用效益分析，为社会评价提供依据。

5.2 需要进行经济费用效益分析的项目范围

1. 经济费用效益分析的理论基础是新古典经济学有关资源优化配置的理论。从经济学的角度看，经济活动的目的是通过配置稀缺经济资源用于生产产品和提供服务，尽可能地满足社会需要。当经济体系功能发挥正常，社会消费的价值达到最大时，就认为是取得了“经济效率”，达到了帕累托最优。

2. 在现实经济中，依靠两种基本机制来实现这种目的。一是市场定价机制，通过此种机制，厂商对由市场供求水平决定的价格作出反应，并据此从事自利的经济活动；二是政府部门通过税收补贴、政府采购、货币转移支付，以及为企业运行制定法规等，进行资源配置的决策活动，从而影响社会资源的配置状况。

在完全竞争的完善的市场经济体系下，竞争市场机制能够对经济资源进行有效配置，产出品市场价格将以货币形态反映边际社会效益，而投入品的市场价格将反映边际社会机会成本。利润最大化自然会导致资源的有效配置，财务分析与经济费用效益分析的结论一致，不需单独进行经济费用效益分析。

在现实经济中，由于市场本身的原因及政府不恰当的干预，都可能导致市场配置资源的失灵，市场价格难以反映建设项目的真实经济价值，客观上需要通过经济费用效益分析来反映建设项目的真实经济价值，判断投资的经济合理性，为投资决策提供依据。

3. 需要进行经济费用效益分析的项目：

1）自然垄断项目。对于电力、电信、交通运输等行业的项目，存在着规模效益递增的产业特征，企业一般不会按照帕累托最优规则进行运作，从而导致市场配置资源失效；

2）公共产品项目，即项目提供的产品或服务在同一时间内可以被共同消费，具有“消费的非排他性”（未花钱购买公共产品的人不能被排除在此产品或服务的消费之外）和“消费的非竞争性”特征（一人消费一种公共产品并不以牺牲其他人的消费为代价）。由于市场价格机制只有通过将那些不愿意付费的消费者排除在该物品的消费之外才能得以有效运作，因此市场机制对公共产品项目的资源配置失灵；

3）具有明显外部效果的项目。外部效果是指一个个体或厂商的行为对另一个体或厂商产生了影响，而该影响的行为主体又没有负相应的责任或没有获得应有报酬的现象。产生外部效果的行为主体由于不受预算约束，因此常常不考虑外部效果结果承受者的损益情况。这样，这类行为主体在其行为过程中常常会低效率甚至无效率地使用资源，造成消费者剩余与生产者剩余的损失及市场失灵；

4）对于涉及国家控制的战略性资源开发及涉及国家经济安全的项目，往往具有公共性、外部效果等综合特征，不能完全依靠市场配置资源。

5）政府对经济活动的干预，如果干扰了正常的经济活动效率，也是导致市场失灵的重要因素。

4. 从投资管理的角度，现阶段需要进行经济费用效益分析的项目可以分为以下几类：

1）政府预算内投资（包括国债资金）的用于关系国家安全、国土开发和市场不能有效配置资源的公益性项目和公共基础设施建设项目、保护和改善生态环境项目、重大战略性资源开发项目；

2）政府各类专项建设基金投资的用于交通运输、农林水利等基础设施、基础产业建设项目；

3）利用国际金融组织和外国政府贷款，需要政府主权信用担保的建设项目；

4）法律、法规规定的其他政府性资金投资的建设项目；

5）企业投资建设的涉及国家经济安全、影响环境资源、公共利益、可能出现垄断、涉及整体布局等公共性问题，需要政府核准的建设项目。

5. 对于上述无法完全依靠市场配置资源的项目，往往具有下列特征：

1）项目的产出物不具有市场价格。由于公共产品和外部效果等因素的影响，无法对其进行市场定价；

2）市场价格虽然存在，但无法确切地反映投入物和产出物的边际社会效益和成本，因而在竞争性市场上提供这些服务得到的收益将无法充分地反映这些供给所产生的社会净效益。

5.3 经济效益和费用的识别

在经济费用效益分析中，应尽可能全面地识别建设项目的经济效益和费用，并需要注意以下几点：

1. 对项目涉及的所有社会成员的有关费用和效益进行识别和计算，全面分析项目投资及运营活动耗用资源的真实价值，以及项目为社会成员福利的实际增加所做出的贡献。

1）分析体现在项目实体本身的直接费用和效益，以及项目引起的其他组织、机构或个人发生的各种外部费用和效益；

2）分析项目的近期影响，以及项目可能带来的中期、远期影响；

3）分析与项目主要目标直接联系的直接费用和效益，以及各种间接费用和效益；

4）分析具有物资载体的有形费用和效益，以及各种无形费用和效益。

2. 效益和费用的识别遵循以下原则：

1）增量分析的原则。项目经济费用效益分析应建立在增量效益和增量费用识别和计算的基础之上，不应考虑沉没成本和已实现的效益。应按照“有无对比”增量分析的原则，通过项目的实施效果与无项目情况下可能发生的情况进行对比分析，作为计算机会成本或增量效益的依据；

2）考虑关联效果原则。应考虑项目投资可能产生的其他关联效应；

3）以本国居民作为分析对象的原则。对于跨越国界，对本国之外的其他社会成员产生影响的项目，应重点分析对本国公民新增的效益和费用。项目对本国以外的社会群体所产生效果，应进行单独陈述；

4）剔除转移支付的原则。转移支付代表购买力的转移行为，接受转移支付的一方所获得的效益与付出方所产生的费用相等，转移支付行为本身没有导致新增资源的发生。在经济费用效益分析中，税赋、补贴、借款和利息属于转移支付。一般在进行经济费用效益分析时，不得再计算转移支付的影响。

3. 一些税收和补贴可能会影响市场价格水平，导致包括税收和补贴的财务价格可能并不反映真实的经济成本和效益。在进行经济费用效益分析中，转移支付的处理应区别对待：

1）剔除企业所得税或补贴对财务价格的影响；

2）一些税收、补贴或罚款往往是用于校正项目“外部效果”的一种重要手段，这类转移支付不可剔除，可以用于计算外部效果；

3）项目投入与产出中流转税应具体问题具体处理。

4. 项目费用与效益识别的时间范围应足以包含项目所产生的全部重要费用和效益，而不应仅根据有关财务核算规定确定。如财务分析的计算期可根据投资各方的合作期进行计算，而经济费用效益分析不受此限制。

5. 应对项目外部效果的识别是否适当进行评估，防止漏算或重复计算。对于项目的投入或产出可能产生的第二级乘数波及效应，在经济费用效益分析中一般不予考虑。

5.4　经济效益和经济费用的计算

项目投资所造成的经济费用或效益的计算，应在利益相关者分析的基础上，研究在特定的社会经济背景条件下相关利益主体获得的收益及付出的代价，计算项目相关的费用和效益。

1. 支付意愿原则。项目产出物的正面效果的计算遵循支付意愿（WTP）原则，用于分析社会成员为项目所产出的效益愿意支付的价值。

2. 受偿意愿原则。项目产出物的负面效果的计算遵循接受补偿意愿（WTA）原则，用于分析社会成员为接受这种不利影响所得到补偿的价值。

3. 机会成本原则。项目投入的经济费用的计算应遵循机会成本原则，用于分析项目所占用的所有资源的机会成本。机会成本应按资源的其他最有效利用所产生的效益进行计算。

4. 实际价值计算原则。项目经济费用效益分析应对所有费用和效益采用反映资源真实价值的实际价格进行计算，不考虑通货膨胀因素的影响，但应考虑相对价格变动。

5.5 经济效益和经济费用采用影子价格计算

经济费用效益分析中投入物或产出物使用的计算价格称为“影子价格”。影子价格应是能够真实反映项目投入物和产出物真实经济价值的计算价格。

影子价格的测算在建设项目的经济费用效益分析中占有重要地位。考虑到我国仍然是发展中国家，整个经济体系还没有完成工业化过程，国际市场和国内市场的完全融合仍然需要一定时间等具体情况，将投入物和产出物区分为外贸货物和非外贸货物，并采用不同的思路确定其影子价格。

5.6 具有市场价格的货物或服务，其费用或效益的计算应遵循的原则

1. 若该货物或服务处于竞争性市场环境中，市场价格能够反映支付意愿或机会成本，应采用市场价格作为计算项目投入物或产出物影子价格的依据。

2. 如果项目的投入物或产出物的规模很大，项目的实施将足以影响其市场价格，导致“有项目”和“无项目”两种情况下市场价格不一致，在项目评价实践中，取二者的平均值作为测算影子价格的依据。

3. 投入与产出的影子价格中流转税按下列原则处理：

1) 对于产出品，增加供给满足国内市场供应的，影子价格按支付意愿确定，含流转税；顶替原有市场供应的，影子价格按机会成本确定，不含流转税。

2) 对于投入品：用新增供应来满足项目的，影子价格按机会成本确定，不含流转税；挤占原有用户需求来满足项目的，影子价格按支付意愿确定，含流转税。

3) 在不能判别产出或投入是增加供给还是挤占（替代）原有供给的情况下，可简化处理为：产出的影子价格一般包含实际缴纳流转税，投入的影子价格一般不含实际缴纳流转税。

4. 对于可外贸货物，其投入物或产出物价格应基于口岸价格进行计算，以反映其价格取值具有国际竞争力。计算公式为：

出口产出的影子价格(出厂价) = 离岸价(FOB) × 影子汇率 − 出口费用 (5.6−1)

进口投入的影子价格(到厂价) = 到岸价(CIF) × 影子汇率 + 进口费用 (5.6−2)

其中：

离岸价（FOB）是指出口货物运抵我国出口口岸交货的价格；

到岸价（CIF）是指进口货物运抵我国进口口岸交货的价格，包括货物进口的货价、运抵我国口岸之前所发生的境外的运费和保险费。

进口或出口费用是指货物进出口环节在国内所发生的所有相关费用，包括运输费用、储运、装卸、运输保险等各种费用支出及物流环节的各种损失、损耗等。

5. 如果可外贸货物以财务成本或价格为基础调整计算经济费用和效益，应注意以下两点：

1）如果不存在关税、增值税、消费税、补贴等转移支付因素，则项目的投入物或产出物价值直接采用口岸价格进行调整计算。

2）如果在货物的进出口环节存在转移支付因素，应区分不同情况处理。

5.7 当项目的产出效果不具有市场价格，或市场价格难以真实反映其经济价值时，对项目的产品或服务的影子价格进行重新测算应采用的方法

1. 按照消费者支付意愿的原则，通过其他相关市场价格信号，按照“显示偏好”的方法，寻找揭示这些影响的隐含价值，对其效果进行间接估算。如项目的外部效果导致关联对象产出水平或成本费用的变动，通过对这些变动进行客观量化分析，作为对项目外部效果进行量化的依据。

2. 根据意愿调查评估法，按照“陈述偏好”的原则进行间接估算。一般通过对被评估者的直接调查，直接评价调查对象的支付意愿或接受补偿的意愿，从中推断出项目造成的有关外部影响的影子价格。应注意调查评估中可能出现的以下偏差：

1）调查对象相信他们的回答能影响决策，从而使他们实际支付的私人成本低于正常条件下的预期值时，调查结果可能产生的策略性偏倚；

2）调查者对各种备选方案介绍得不完全或使人误解时，调查结果可能产生的资料性偏倚；

3）问卷假设的收款或付款方式不当，调查结果可能产生的手段性偏倚；

4）调查对象长期免费享受环境和生态资源等所形成的“免费搭车”心理，导致调查对象将这种享受看作是天赋权利而反对为此付款，从而导致调查结果的假想性偏倚。

5.8 特殊投入物影子价格的确定

1. 项目占用的人力资源，是项目实施所付出的代价。如果财务工资与人力

资源的影子价格之间存在差异，应对财务工资进行调整计算，以反映其真实经济价值。

人力资源投入的影子价格 = 劳动力机会成本 + 新增资源消耗

1) 劳动力机会成本是拟建项目占用的人力资源由于在本项目使用而不能再用于其他地方或享受闲暇时间而被迫放弃的价值，应根据项目所在地的人力资源市场及劳动力就业状况，按下列原则进行分析确定：

①过去受雇于别处，由于本项目的实施而转移过来的人员，其影子工资应是其放弃过去就业机会的工资（含工资性福利）及支付的税金之和。

②对于自愿失业人员，影子工资应等于本项目的使用所支付的税后净工资额，以反映边际工人投入到劳动力市场所必须支付的金额。

③非自愿失业劳动力的影子工资应反映他们为了工作而放弃休闲愿意接受的最低工资金额，其数值应低于本项目的使用所支付的税后净工资并大于支付的最低生活保障收入。当缺少信息，可以按非自愿失业人员接受的最低生活保障收入和税后净工资率的平均值近似测算。

2) 新增资源耗费是指劳动力在本项目新就业或由其他就业岗位转移到本项目而发生的经济资源消耗，而这种消耗与劳动者生活水平的提高无关。在分析中应根据劳动力就业的转移成本测算。

2. 土地是一种重要的经济资源，项目占用的土地无论是否需要实际支付财务成本，均应根据土地用途的机会成本原则或消费者支付意愿的原则计算其影子价格。

1) 生产性用地，主要指农业、林业、牧业、渔业及其他生产性用地，按照这些生产用地未来可以提供的产出物的效益及因改变土地用途而发生的新增资源消耗进行计算。

即：　　　土地的经济成本 = 土地机会成本 + 新增资源消耗

其中，土地的机会成本应按照社会对这些生产用地未来可以提供的消费产品的支付意愿价格进行分析计算，一般按照项目占用土地在“无项目”情况下的“最佳可行替代用途”的生产性产出的净效益现值进行计算。

新增资源耗费应按照在“有项目”情况下土地的征用造成原有地上附属物财产的损失及其他资源耗费来计算。土地平整等开发成本应计入工程建设成本中，在土地经济成本估算中不再重复计算。

2) 对于非生产性用地，如住宅、休闲用地等，应按照支付意愿的原则，根据市场交易价格测算其影子价格。

3）在经济费用效益分析中，应根据项目计算期内未来土地用途的可能变化，合理预测项目占用土地的影子价格。对土地机会成本的计算应按以下要求进行：

①通过政府公开招标取得的国有土地出让使用权，以及通过市场交易取得的已出让国有土地使用权，应按市场交易价格计算其影子价格；

②未通过正常市场交易取得的土地使用权，应分析价格优惠或扭曲情况，参照当地正常情况下的市场交易价格，调整或类比计算其影子价格；

③当无法通过正常市场交易价格类比确定土地影子价格时，应采用收益现值法或以土地开发成本加开发投资应得收益确定；

④由于土地开发规划许可的取得，会对土地市场价格产生影响，土地价值的估算应反映实际的或潜在的规划批准情况，应分析规划得到批准的可能性及其对地价的影响。如果土地用途受到限制，其影子价格就会被压低。应分析这些限制被解除的可能性，以及解除限制对土地价值的影响；

⑤项目征用农村用地，应按土地征用费调整计算其影子价格。其中耕地补偿费及青苗补偿费应视为土地机会成本，地上建筑物补偿费及安置补偿费应视为新增资源消耗。这些费用如果与农民进行了充分协商并获得认可，可直接按财务成本计算其影子价格；若存在征地费优惠，或在征地中没有进行充分协商，导致补偿和安置补助费低于市场定价，应按当地正常征地补偿标准调整计算土地的影子价格；

⑥在征地过程中收取的征地管理费、耕地占用税、耕地开垦费、土地管理费、土地开发费等各种税费，应视为转移支付，不列入土地经济费用的计算。

3. 自然资源是指自然形成的，在一定的经济、技术条件下可以被开发利用以提高人们生活福利水平和生存能力，并同时具有某种“稀缺性”的实物性资源的总称，包括土地资源、森林资源、矿产资源和水资源等。项目经济费用效益分析将自然资源分为资源资产和非资产性自然资源，在影子价格的计算中只考虑资源资产。

资源资产是指所有权已经界定，或者随着项目的实施可以界定，所有者能够有效控制并能够在目前或可预见的将来产生预期经济效益的自然资源。资源资产属于经济资产范畴，包括土地资产、森林资产、矿产资产、水资产等。经济费用效益分析中，项目的建设和运营需要投入的自然资源，是项目投资所付出的代价，这些代价要用资源的经济价值而不是市场价格表示，可以用项目投入物的替代方案的成本、对这些资源资产用于其他用途的机会成本等进行分析测算。

5.9 如果项目的产出效果表现为对人力资本、生命延续或疾病预防等方面的影响，如教育项目、卫生项目、环境改善工程或交通运输项目等，应根据项目的具体情况，测算人力资本增值的价值、可能引起的死亡增加或减少的价值，以及对健康影响的价值，并将量化结果纳入项目经济费用效益分析的框架之中。如果货币量化缺乏可靠依据，应采用非货币的方法进行量化

1. 对于项目的实施可能引起人力资本增值的效果，如教育项目引起的人才培养和素质提高，在劳动力市场发育成熟的情况下，其价值应根据“有项目”和“无项目”两种情况下的税前工资率的差别进行估算。

2. 对于项目的效果表现为增加或减少死亡的价值，应尽可能地分析由于死亡风险的增加或减少的价值，根据社会成员为避免死亡而愿意支付的价格进行计算。在缺乏估算人们对生命的支付意愿的资料时，可通过人力资本法，通过分析人员死亡所带来的为社会创造收入的减少来评价死亡引起的损失，以测算生命的价值，或者通过分析不同工种的工资差别来测算人们对生命价值的支付意愿。

3. 对于项目的效果表现为对人们健康的影响时，一般应通过分析疾病发病率与项目影响之间的关系，测算发病率的变化所导致的收入损失，看病、住院、医药等医疗成本及其他各种相关支出的变化，并综合考虑人们对避免疾病而获得健康生活所愿意付出的代价，测算其经济价值。

5.10 一些项目的效益表现为费用的节约，在计算中需要注意的几点

1. 按照“有无对比”原则，分析“有项目”和“无项目”两种情况下的费用变动趋势，尤其应重视对“无项目”情况下费用变动状况进行合理预测，通过增量分析估算费用节约的效益；

2. 从整个项目周期费用的角度进行分析，既要分析初始建设投资费用，也应分析运营期费用；

3. 从广义费用的角度进行分析，既要分析项目实体付出的费用，也要分析各种间接费用、次级波及费用；既要分析货币量化的费用，又要分析非货币化的费用。

4. 在费用分析中应注意避免重复计算。

5.11　对于表现为时间节约的项目效果，应按照有无对比的原则分析“有项目”和“无项目”情况下的时间耗费情况，区分不同人群、货物，根据项目具体特点测算时间节约的价值

1. 出行时间节约的价值是指为了得到这种节约受益者所愿意支付的货币数量。在项目经济费用效益分析中，应根据所节约时间的具体性质分别测算。

1）如果所节约的时间用于工作，时间节约的价值应为将节约的时间用于工作带来的产出增加，由企业负担的所得税前工资、保险、退休金及有关的其他劳动成本综合分析计算。

2）如果所节约的时间用于闲暇，应从受益者个人的角度，综合考虑个人家庭情况、收入水平、对闲暇的偏好等因素，采用意愿调查评估的方法进行估算。

2. 货物时间节约的价值是指应为得到这种节约受益者所愿意支付的货币数量。在项目经济费用效益分析中，应根据不同货物对时间的敏感程度测算其时间节约价值。

5.12　项目外部效果是指项目可能会对其他社会群体产生正面或负面影响，而项目本身却不会承担相应的货币费用或享有相应的货币效益

以往经济费用效益分析对项目产生的有利影响（正面影响）的分析比较多，而对项目会带来不利影响（主要是对环境、生态和社会的负面影响）的分析较少考虑，这种做法既不利于充分认识项目外部效果以便采取成本最小措施，也不能在危害的预防与接受之间进行权衡。

外部效果计算的范围应考虑环境及生态影响效果、技术扩散效果和产业关联效果。一般计算一次性的外部影响效果。

计算外部效果应明确项目“范围”的边界。根据具体项目情况，合理确定项目扩展的边界。有条件时可将具有相互关联的项目拴在一起作为“项目群”进行评价，使外部效果的处理内部化。对无法量化的外部效果，应进行定性分析。

5.13　环境外部效果的定量计算

为对建设项目进行全面的经济费用效益分析，应重视对环境影响外部效果的经济费用效益分析，尽可能地对环境成本与效益进行量化，在可行的情况下赋予经济价值，并纳入整个项目经济费用效益分析的框架体系之中。对于建设项目环境影响的量化分析，应从社会整体角度对建设项目环境影响的经济费用和效益进行识别和计算。

1. 如果项目对环境的影响可能导致受影响的区域生产能力发生变化，可以根据项目所造成的相关产出物的产出量变化，对环境影响效果进行量化。如果产出物具有完全竞争的市场价格，应直接采用市场价格计算其经济价值；如果存在市场扭曲现象，应对其市场价格进行相应调整。

2. 如果不能直接估算拟建项目环境影响对相关产出量的影响，可以通过有关成本费用信息来间接估算环境影响的费用或效益。

1）替代成本法。分析为了消除项目对环境的影响，可采取其他方案来替代拟建项目方案，需要增加的投资作为项目方案环境影响的经济价值。

2）预防性支出法。以受影响的社会成员为了避免或减缓拟建项目对环境可能造成的危害，所愿意付出的费用，作为对环境影响的经济价值进行计算的依据。

3）置换成本法。对项目实际造成的生产性资产的损失，通过测算其置换成本，即为恢复其生产能力必须投入的价值，作为对环境影响进行量化的依据。

4）机会成本法。通过评价因保护某种环境资源而放弃某项目方案所损失的机会成本，来评价该项目方案环境影响的损失。

5）意愿调查评估法。通过对利益相关者的支付意愿或接受补偿的意愿进行调查，作为估算环境价值的依据。

3. 对于无法通过产出物市场价格或成本变化测算其影响的环境价值，应采用各种间接评估的方法进行量化。

1）隐含价值分析法。通过对受项目环境影响的一些对象的隐含价值分析，间接地测算环境影响的经济价值。

2）产品替代法。对人们愿意换取某种环境质量的其他替代物品的价值进行分析，间接测算人们对环境影响价值的支付意愿。

3）成果参照法。通过参照其他方面对环境影响经济费用效益分析的研究成果，作为估算本项目环境影响经济价值的参考依据。

5.14 如果存在明显的迹象表明本国货币对外币的比价存在扭曲现象，在将外汇折算成本币时，应采用影子汇率

影子汇率应能正确反映国家外汇的经济价值，计算公式为：

$$影子汇率 = 外汇牌价 \times 影子汇率换算系数 \quad (5.14)$$

5.15　经济费用效益分析以国家公布的社会折现率作为对未来经济费用效益流量进行折现的折现率

项目的所有费用和效益，包括不能货币化的效果均可根据需要予以折现。

社会折现率是用以衡量资金时间经济价值的重要参数，代表资金占用的机会成本，并且用作不同年份之间资金价值换算的折现率。社会折现率应根据经济发展的实际情况、投资效益水平、资金供求状况、资金机会成本、社会成员的费用效益时间偏好以及国家宏观调控目标取向等因素进行综合分析测定。社会折现率应该采用不考虑通货膨胀因素影响的实际折现率，而不应该是名义折现率。

在实际工作中，可根据项目产出效果的特性、项目所在地区经济发展的情况、项目投资管理的要求等因素，在国家公布的社会折现率的基础上，可适当调整社会折现率的取值，但调整幅度不宜太大。

5.16　经济费用效益流量表的编制，可以按照经济费用效益识别和计算的原则和方法直接进行，也可以在财务分析的基础上将财务现金流量转换为反映真正资源变动状况的经济费用效益流量

1. 直接进行经济费用效益流量的识别和计算，基本步骤如下：

1）对于项目的各种投入物，应按照机会成本的原则计算其经济价值；

2）识别项目产出物可能带来的各种影响效果；

3）对于具有市场价格的产出物，以市场价格为基础计算其经济价值；

4）对于没有市场价格的产出效果，应按照支付意愿及接受补偿意愿的原则计算其经济价值；

5）对于难以进行货币量化的产出效果，应尽可能地采用其他量纲进行量化。难以量化的，进行定性描述，以全面反映项目的产出效果。

2. 在财务分析基础上进行经济费用效益流量的识别和计算，基本步骤如下：

1）剔除财务现金流量中的通货膨胀因素，得到以实价表示的财务现金流量；

2）剔除运营期财务现金流量中不反映真实资源流量变动状况的转移支付因素；

3）用影子价格和影子汇率调整建设投资各项组成，并剔除其费用中的转移支付项目；

4）调整流动资金，将流动资产和流动负债中不反映实际资源耗费的有关现金、应收、应付、预收、预付款项，从流动资金中剔除；

5)调整经营费用，用影子价格调整主要原材料、燃料及动力费用、工资及福利费等；

6)调整营业收入，对于具有市场价格的产出物，以市场价格为基础计算其影子价格；对于没有市场价格的产出效果，以支付意愿或接受补偿意愿的原则计算其影子价格；

7)对于可货币化的外部效果，应将货币化的外部效果计入经济效益费用流量；对于难以进行货币化的外部效果，应尽可能地采用其他量纲进行量化。难以量化的，进行定性描述，以全面反映项目的产出效果。

5.17 经济费用效益分析指标

1. 经济净现值（*ENPV*）是项目按照社会折现率将计算期内各年的经济净效益流量折现到建设期初的现值之和，是经济费用效益分析的主要评价指标。计算公式为：

$$ENPV=\sum_{t=1}^{n}(B-C)_t(1+i_s)^{-t} \tag{5.17-1}$$

式中 B——经济效益流量；

C——经济费用流量；

$(B-C)_t$——第 t 期的经济净效益流量；

n——项目计算期；

i_s——社会折现率。

在经济费用效益分析中，如果经济净现值等于或大于0，说明项目可以达到社会折现率要求的效率水平，认为该项目从经济资源配置的角度可以被接受。

2. 经济内部效益率（*EIRR*）是项目在计算期内经济净效益流量的现值累计等于0时的折现率，是经济费用效益分析的辅助评价指标。计算公式为：

$$\sum_{t=1}^{n}(B-C)_t(1+EIRR)^{-t}=0 \tag{5.17-2}$$

式中 B——经济效益流量；

C——经济费用流量；

$(B-C)_t$——第 t 期的经济净效益流量；

n——项目计算期；

$EIRR$——经济内部效益率。

如果经济内部效益率等于或者大于社会折现率，表明项目资源配置的经济效率达到了可以被接受的水平。

3. 效益费用比（R_{BC}）是项目在计算期内效益流量的现值与费用流量的现值的比率，是经济费用效益分析的辅助评价指标。计算公式为：

$$R_{BC}=\frac{\sum_{t=1}^{n}B_t(1+i_s)^{-t}}{\sum_{t=1}^{n}C_t(1+i_s)^{-t}} \tag{5.17-3}$$

式中 R_{BC}——效益费用比；

B_t——第 t 期的经济效益；

C_t——第 t 期的经济费用。

如果效益费用比大于1，表明项目资源配置的经济效率达到了可以被接受的水平。

5.18 经济费用效益分析的对策建议

经济费用效益分析一方面应从资源优化配置的角度，分析项目投资的经济合理性，另一方面应通过财务分析和经济费用效益分析结果的对比，分析市场的扭曲情况，判断政府公共投资是否有必要介入本项目的投资建设，并为改善本项目的财务状况、进行政策调整提出分析意见。因此，在建设项目的经济费用效益分析中，必须重视对策建议的分析。

1. 经济费用效益分析强调以受益者支付意愿原则测算项目产出效果的经济价值，对于基础设施项目，是分析建设投资的经济价值及市场化运作能力的重要依据；

2. 通过财务现金流量与经济费用效益流量的对比分析，判断二者出现的差异及其原因，分析项目所在行业或部门存在的导致市场失灵的现行政策，提出纠正政策干预失当、改革现行政策法规制度、提高部门效率的政策建议；

3. 通过项目费用及效益在不同利益相关者之间分布状况的分析，评价项目对不同利益相关群体的影响程度，分析项目利益相关群体受益及受损状况的经济合理性。

5.19 经济费用效益分析强调站在整个社会的角度，分析社会资源占用的经济效率，其分析方法应根据项目的具体情况选用

1. 经济费用效益分析的主要方法包括：

1）经济费用效益比较的分析方法，如经济费用效益分析方法（CBA）、经济费用效果分析方法（CEA）；

2）多准则分析方法（MCA）：将项目视为多目标的投资决策问题，将经济费用效益分析纳入多目标决策的框架体系中；

3）定性分析方法，对项目的各种经济影响进行全面陈述，为投资决策提供依据。

其他还有总费用分析法、完全费用效益分析法及项目周期费用分析法等。

2. 对于建设项目的经济费用效益分析，原则上应尽可能地采用费用效益分析方法。对于效益难以进行货币量化的项目，应尽可能地采用非货币的量纲进行量化，采用费用效果分析的方法对项目建设方案进行经济合理性评价。对于效益和费用均难以量化的项目，应进行定性经济费用效益分析。

3. 项目影响效果的量化分析。经济费用效益分析应尽可能地对项目的产出进行货币量化，以便为政府投资决策及对企业项目的核准提供必要的依据。如果难以完全货币量化，应做到：

1）全面列举货币化的或不能货币化的各类效益和费用，以便对项目的经济影响进行全面评价；

2）对于一些效益和费用虽然难以赋予其货币价值，但应尽可能地予以物理量化，以便为方案比选等其他分析提供经过量化的依据。例如卫生项目的效果，可采用项目的实施对受影响人群的健康水平的改善对其效用进行量化。

3）对于项目效果难以进行货币量化，在项目效益一定的情况下，应采用费用效果分析的方法，计算项目寿命周期费用现值，选择费用最低的项目方案。对于费用相同而效益不同的项目，应通过计算效益的现值，选择接受效益现值最大的备选方案。

6　费用效果分析

6.1　费用效果分析，也称成本效果分析，成本效用分析等，有广义和狭义之分

广义的费用效果分析泛指通过比较所达到的效果与所付出的耗费，用以分析判断所付出的代价是否值得。它是项目经济评价的基本原理。广义费用效果分析并不刻意强调采用何种计量方式。狭义的费用效果分析专指耗费采用货币

计量，效果采用非货币计量的分析方法。而效果和耗费均用货币计量的称为费用效益分析。项目评价中一般采用狭义的概念。

根据社会和经济发展的客观需要直接进行费用效果分析的项目，一般情况下，在充分论证项目必要性的前提下，重点是制定实现项目目标的途径和方案，并根据以尽可能少的费用获得尽可能大的效果原则，通过多方案比选，提供优先选定方案或进行方案优先次序排队，以供决策。正常情况下，进入方案比选阶段，不再对项目的可行性提出质疑，不可能得出无可行方案的结论。费用效果分析只能比较不同方案的优劣，不能像费用效益分析那样保证所选方案的效果大于费用，因此，更加强调充分挖掘方案的重要性。

费用效益分析和费用效果分析各有自身的优缺点和使用领域。

费用效益分析的优点是简洁、明了、结果透明，易于被人们接受。在市场经济中，货币是最为统一和认可的参照物，在不同产出物（效果）的叠加计算中，各种产出物的价格往往是市场认可的公平权重。总收入，净现金流量等是效果的货币化表达。财务盈利能力、偿债能力分析必须采用费用效益分析方法。在项目经济分析中，当项目效果或其中主要部分易于货币化时也采用费用效益分析方法。

费用效果分析回避了效果定价的难题，直接用非货币化的效果指标与费用进行比较，方法相对简单，最适用于效果难于货币化的领域。在项目经济费用效益分析中，当涉及代内公平（发达程度不同的地区、不同收入阶层等）和代际公平（当代人福利和未来人福利）等问题时，对效益的价值判断将十分复杂和困难。环境的价值，生态的价值，生命和健康的价值，人类自然和文化遗产的价值，通过义务教育促进人的全面发展的价值等等，往往很难定价，而且不同的测算方法可能有数十倍的差距。勉强定价，往往引起争议，降低评价的可信度。另外，在可行性研究的不同技术经济环节，如场址选择、工艺比较、设备选型、总图设计、环境保护、安全措施等等，无论进行财务分析，还是进行经济费用效益分析，都很难直接与项目最终的货币效益直接挂钩测算。这些情况下，都适宜采用费用效果分析。

费用效果分析既可以应用于财务现金流量，也可以用于经济费用效益流量。用于前者，主要用于项目各个环节的方案比选，项目总体方案的初步筛选；用于后者，除了可以用于上述方案比选、筛选以外，对于项目主体效益难于货币化的，则取代费用效益分析，并作为经济分析的最终结论。

6.2 公共项目的效果往往难以货币化，或者，直接的货币收益不反映效果的本质特征

6.3 各个方案必须具有共同的既定实物目标

所谓实物目标是指不以货币计量的一项具体的使命。目标不同的方案，不满足目标最低要求的方案不可比。

6.4 项目目标或目的必须清晰

应当尽可能将项目目标转化为具体的可量化的指标，并有明确的最低要求。项目目标既可能是单一的，也可能是多目标的。多目标要分清目标的主次，选择必备目标作为考核内容，将其他次要目标仅作为项目的附带效果进行适当分析。

根据项目目标探索不同的实现途径，构想和建立比较方案。比较方案多，则优选余地大。但方案应是切实可行的，较优秀的。不能满足项目最低要求的方案不可作为比较方案。

对各个方案的效果和费用进行识别和测算。

根据费用效果分析计算方法，综合比较、分析各个方案优缺点，推荐最佳方案或提出优先采用的次序。

对评价的可靠性进行审查，分析疑点，考虑其他因素，最后做出决策。

6.5 费用的测算强调采用寿命周期费用

它是项目从建设投资开始到项目终结整个过程期限内所发生的全部费用，包括投资、经营成本、末期资产回收和拆除、恢复环境的处置费用。寿命周期费用一般按现值计算或按年值计算。

6.6 项目的效果可以采用有助于说明项目收效的任何量纲

计量单位的选择，既要能够切实度量项目目标的实现程度，又要便于计算。

效果用非货币指标计算，应选择能真实反映项目目标实现程度的指标。例如，供水工程选用供水量（吨）、教育项目选用受教育人数等。效果指标有时可能是多个，需要采用加权平均方法处理为一个统一的当量。费用采用货币指标。正常情况下应计算包括投资、运营及寿命期末处理全过程的折现费用，即项目寿命周期费用。根据分析的需要和便利性，费用可以选用现值或年值。

6.7 $[E/C]_0$ 是该类项目的基准指标，即该类项目可行的最低要求

它用单位费用所应该达到的效果值表示。基准指标也可以采用其倒数形式，即单位效果可接受的费用，项目不得突破。

基准指标是项目可以接受的效果费用比的最低要求。基准指标决定因素较为复杂，受经济实力、技术水平、社会需求等多方面的影响，需按项目行业类别等专门制定。有些行业定额，可以作为测定基准指标的重要参考。基准指标有时也采用倒数形式，例如每吨供水的费用、每吨污水处理的费用、学校每个学生的费用等，使用时要注意与分析计算公式保持一致。这里所说的费用是寿命周期费用，原则上要避免简单化地用单位投资或单位运营成本代替。

6.8 方案比较方法最常采用最小费用法和最大效果法

在项目的效果有明确数量要求时，例如需要增加的供水量或污水处理量，采用达到相同目标所需费用最低的方案。当对费用有明确的规定时，例如扶贫款计划额度，采用相同费用的条件下效果最大的方案。

有时，各个方案的费用和效果都不固定，则必须进行增量分析，分析增加的效果与增加的费用相比是否值得。不可盲目选择效果与费用比值最大的方案。其原理与费用效益分析中不可盲目选择 *IRR*、*B/C* 最大的方案相同。这种情况下，需要首先确定效果与费用比值最低可以接受的基准指标 $[E/C]_0$，或最高可接受的单位成本指标 $[C/E]_0$，当 $\Delta E/\Delta C \geqslant [E/C]_0$ 或 $\Delta C/\Delta E \leqslant [C/E]_0$ 时，选择费用高的方案，否则，选择费用低的方案。基准指标的确定需要根据国家经济状况，行业特点、以往同类项目 *E/C* 比值水平综合确定，例如每吨自来水可以接受的成本，城市公共交通人公里成本等。

6.9 选优过程是一个重复过程

7 不确定性分析与风险分析

7.1 不确定性分析与风险分析的区别与联系

1. 项目经济评价所采用的基本变量都是对未来的预测和假设，因而具有

不确定性。通过对拟建项目具有较大影响的不确定性因素进行分析，计算基本变量的增减变化引起项目财务或经济效益指标的变化，找出最敏感的因素及其临界点，预测项目可能承担的风险，使项目的投资决策建立在较为稳妥的基础上。

2. 风险是指未来发生不利事件的概率或可能性。投资建设项目经济风险是指由于不确定性的存在导致项目实施后偏离预期财务和经济效益目标的可能性。经济风险分析是通过对风险因素的识别，采用定性或定量分析的方法估计各风险因素发生的可能性及对项目的影响程度，揭示影响项目成败的关键风险因素，提出项目风险的预警、预报和相应的对策，为投资决策服务。经济风险分析的另一重要功能还在于它有助于在可行性研究的过程中，通过信息反馈，改进或优化项目设计方案，直接起到降低项目风险的作用。风险分析的程序包括风险因素识别、风险估计、风险评价与防范应对。

3. 不确定性分析与风险分析既有联系，又有区别，由于人们对未来事物认识的局限性，可获信息的有限性以及未来事物本身的不确定性，使得投资建设项目的实施结果可能偏离预期目标，这就形成了投资建设项目预期目标的不确定性，从而使项目可能得到高于或低于预期的效益，甚至遭受一定的损失，导致投资建设项目“有风险”。通过不确定性分析可以找出影响项目效益的敏感因素，确定敏感程度，但不知这种不确定性因素发生的可能性及影响程度。借助于风险分析可以得知不确定性因素发生的可能性以及给项目带来经济损失的程度。不确定性分析找出的敏感因素又可以作为风险因素识别和风险估计的依据。

7.2 盈亏平衡分析

1. 盈亏平衡分析是指项目达到设计生产能力的条件下，通过盈亏平衡点（Break-Even-Point，BEP）分析项目成本与收益的平衡关系。盈亏平衡点是项目的盈利与亏损的转折点，即在这一点上，销售（营业、服务）收入等于总成本费用，正好盈亏平衡，用以考察项目对产出品变化的适应能力和抗风险能力。盈亏平衡点越低，表明项目适应产出品变化的能力越大，抗风险能力越强。

2. 盈亏平衡点通过正常年份的产量或者销售量、可变成本、固定成本、产品价格和销售税金及附加等数据计算。可变成本主要包括原材料、燃料、动力消耗、包装费和计件工资等。固定成本主要包括工资（计件工资除外）、折旧费、无形资产及其他资产摊销费、修理费和其他费用等。为简化计算，财务费用一般也将其作为固定成本。正常年份应选择还款期间的第一个达产年和还款后的年份分别计算，以便分别给出最高和最低的盈亏平衡点区间范围。

3. 盈亏平衡分析分为线性盈亏平衡分析和非线性盈亏平衡分析，项目评价中仅进行线性盈亏平衡分析。线性盈亏平衡分析有以下四个假定条件：

1）产量等于销售量，即当年生产的产品（服务，下同）当年销售出去；

2）产量变化，单位可变成本不变，从而总成本费用是产量的线性函数；

3）产量变化，产品售价不变，从而销售收入是销售量的线性函数；

4）按单一产品计算，当生产多种产品，应换算为单一产品，不同产品的生产负荷率的变化应保持一致。

4. 盈亏平衡点的计算。盈亏平衡点的表达形式有多种，项目评价中最常用的是以产量和生产能力利用率表示的盈亏平衡点。盈亏平衡点一般采用公式计算，也可利用盈亏平衡图求取。

1）公式计算法：

$$BEP_{\text{生产能力利用率}} = \frac{\text{年固定成本}}{(\text{年营业收入} - \text{年可变成本} - \text{年营业税金及附加})} \times 100\% \quad (7.2-1)$$

$$BEP_{\text{产量}} = \frac{\text{年固定总成本}}{(\text{单位产品价格} - \text{单位产品可变成本} - \text{单位产品营业税金及附加})} \quad (7.2-2)$$

2）图解法：

盈亏平衡点采用图解法求得，可参见本方法条文图 B1。

图中销售收入线（如果销售收入和成本费用都是按含税价格计算的，还应减去增值税）与总成本费用线的交点即为盈亏平衡点，这一点所对应的产量即为 $BEP_{\text{产量}}$，也可换算为 $BEP_{\text{生产能力利用率}}$。

7.3 敏感性分析

1. 敏感性分析是投资建设项目评价中应用十分广泛的一种技术，用以考察项目涉及的各种不确定因素对项目基本方案经济评价指标的影响，找出敏感因素，估计项目效益对它们的敏感程度，粗略预测项目可能承担的风险，为进一步的风险分析打下基础。

2. 敏感性分析包括单因素敏感性分析和多因素敏感性分析。单因素敏感性分析是指每次只改变一个因素的数值来进行分析，估算单个因素的变化对项目效益产生的影响；多因素分析则是同时改变两个或两个以上因素进行分析，估算多因素同时发生变化的影响。为了找出关键的敏感性因素，通常多进行单因素敏感性分析。

3. 敏感性分析方法。

1）根据项目特点，结合经验判断选择对项目效益影响较大且重要的不确定因素进行分析。经验表明，主要对产出物价格、建设投资、主要投入物价格或可变成本、生产负荷、建设工期及汇率等不确定因素进行敏感性分析。

2）敏感性分析一般是选择不确定因素变化的百分率为 ±5%、±10%、±15%、±20%等；对于不便用百分数表示的因素，例如建设工期，可采用延长一段时间表示，如延长一年。

3）建设项目经济评价有一整套指标体系，敏感性分析可选定其中一个或几个主要指标进行分析，最基本的分析指标是内部收益率，根据项目的实际情况也可选择净现值或投资回收期评价指标，必要时可同时针对两个或两个以上的指标进行敏感性分析。

4）敏感度系数系指项目评价指标变化的百分率与不确定因素变化的百分率之比。敏感度系数高，表示项目效益对该不确定因素敏感程度高。计算公式为：

$$S_{AF} = \frac{\Delta A/A}{\Delta F/F} \tag{7.3}$$

式中 S_{AF}——评价指标 A 对于不确定因素 F 的敏感系数；

$\Delta F/F$——不确定因素 F 的变化率；

$\Delta A/A$——不确定因素 F 发生 ΔF 变化率时，评价指标 A 的相应变化率。

$S_{AF}>0$，表示评价指标与不确定因素同方向变化；$S_{AF}<0$，表示评价指标与不确定因素反方向变化。$|S_{AF}|$ 较大者敏感度系数高。

5）临界点（转换值 Switch Value）是指不确定性因素的变化使项目由可行变为不可行的临界数值，可采用不确定性因素相对基本方案的变化率或其对应的具体数值表示。当该不确定因素为费用科目时，即为其增加的百分率；当其为效益科目时为降低的百分率。临界点也可用该百分率对应的具体数值表示。当不确定因素的变化超过了临界点所表示的不确定因素的极限变化时，项目将由可行变为不可行。

临界点的高低与计算临界点的指标的初始值有关。若选取基准收益率为计算临界点的指标，对于同一个项目，随着设定基准收益率的提高，临界点就会变低（即临界点表示的不确定因素的极限变化变小）；而在一定的基准收益率下，临界点越低，说明该因素对项目评价指标影响越大，项目对该因素就越敏感。

从根上说，临界点计算是使用试插法。当然，也可用计算机软件的函数或图解法求得。由于项目评价指标的变化与不确定因素变化之间不是直线关系，当通过敏感性分析图求得临界点的近似值时，有时有一定误差。

6)敏感性分析结果在项目决策分析中的应用。将敏感性分析的结果进行汇总，编制敏感性分析表，见表7.3－1；编制敏感度系数与临界点分析表，见表7.3－2；绘制敏感性分析图见本方法条文图B2；并对分析结果进行文字说明，将不确定因素变化后计算的经济评价指标与基本方案评价指标进行对比分析，结合敏感度系数及临界点的计算结果，按不确定性因素的敏感程度进行排序，找出最敏感的因素，分析敏感因素可能造成的风险，并提出应对措施。当不确定因素的敏感度很高时，应进一步通过风险分析，判断其发生的可能性及对项目的影响程度。

表7.3－1　敏感性分析表

变化率 变化因素	－30%	－20%	0%	10%	20%	30%
基准折现率 i_c						
建设投资						
原材料成本						
汇率						
……						

表 7.3－2　敏感度系数和临界点分析表

序号	不确定因素	变化率（%）	内部收益率	敏感度系数	临界点（%）	临界值
	基本方案					
1	产品产量（生产负荷）					
2	产品价格					
3	主要原材料价格					
4	建设投资					
5	汇率					
	……					

7.4　经济风险

1. 经济风险的来源。建设项目的经济风险来源于法律、法规及政策变化，市场供需变化，资源开发与利用、技术的可靠性、工程方案、融资方案、组织管理、环境与社会、外部配套条件等一个方面或几个方面的共同影响，具体内容如下：

1) 政策方面：由于政府政策调整，使项目原定目标难以实现所造成的损失，如税收、金融、环保、产业政策等的调整变化，税率、利率、汇率、通货膨胀率的变化都会对项目经济效益带来影响。

2) 市场方面：由于市场需求的变化、竞争对手的竞争策略调整，项目产品销路不畅，产品价格低迷等，以至产量和销售收入达不到预期的目标，给项目预期收益带来的损失。

3)资源方面：资源开发与利用的项目，由于矿产资源的储量、品位、可采储量、开拓工程量及采选方式等与原预测结果发生较大偏离，导致项目开采成本增高，产量降低或经济寿命期缩短，造成巨大的经济损失。在水资源短缺地区的投资建设项目，可能受水资源勘察不明、气候不正常等因素的影响。对于农业灌溉项目还可能有水资源分配问题等。

4)技术方面：项目采用的技术，特别是引进技术的先进性、可靠性、适用性和经济性与原方案发生重大变化，导致项目不能按期进入正常生产状态，或生产能力利用率降低，达不到设计要求，或生产成本提高，产品质量达不到预期要求等。

5)工程方面：因工程地质和水文地质条件出乎预料的变化，工程设计发生重大变化，导致工程量增加、投资增加、工期延长所造成的损失；由于前期准备工作不足，导致项目实施阶段建设方案的变化；工程设计方案不合理，可能给项目的生产经营带来影响等，造成经济损失。

6)融资方面：项目资金来源的可靠性、充足性和及时性不能保证；由于工程量预计不足、或设备材料价格上升导致投资增加；由于计划不周或外部条件等因素导致建设工期拖延；利率、汇率变化导致融资成本升高所造成的损失。

7)组织管理方面：由于项目组织结构不当、管理机制不完善或是主要管理者能力不足等，导致项目不能按计划建成投产，投资超出估算；或在项目投产后，未能制定有效的企业竞争策略，在市场竞争中失败。

8)环境与社会方面：对于许多项目，外部环境因素包括自然环境和社会环境因素的影响。如项目选址不当，项目对社区的影响、生态环境影响估计不足，或是项目环保措施不当，在项目建成后，可能对社区和生态带来严重影响，导致社区居民和社会的反对，造成直接经济损失。

9)配套条件方面：建设项目需要的外部配套设施，如供水排水、供电供汽、公路铁路、港口码头以及上下游配套设施等，在可行性研究中虽都作了考虑，但是实际上仍然可能存在外部配套设施没有如期落实的问题，致使建设项目不能发挥应有效益，从而带来风险。

10)其他方面：对于某些项目，应考虑特有的风险因素。例如，对于合资项目，要考虑合资对象的法人资格和资信问题；对于农业建设项目，要考虑因气候、土壤、水利等条件的变化对收成不利影响的风险因素等；许多无形成本和效益的度量是分析专家个人的主观价值判断，不能量化的外部或间接效果的定性判断完全是主观的。

2. 经济风险因素。经济风险分析的任务之一，是通过对政策、市场、资源、技术、工程、资金、管理、环境、外部配套条件和其他等以上十个方面的分析找出风险因素。上述各方面经常是相互关联的，有时也难以分清。为寻找风险根源，有必要区分事件、后果和根源，如建设工期延误的原因和可能的后果，列于表 7.4。

表 7.4　建设工期延误的可能原因与后果

原　　因	事　　件	可能后果
资金短缺 建筑材料供应延误 熟练劳动力不足 恶劣的天气 设计变更，工程量增加 管理或协调不力 ……	建设工期延误	投资超支 推迟建设 推迟投产 还款期延长 市场机会延误 项目破产

财务与经济分析的风险因素可归纳为六类：

1. 项目收益风险：产出品的数量（服务量）与预测（财务与经济）价格；

2. 建设投资风险：建筑安装工程量、设备选型与数量、土地征用和拆迁安置费、人工、材料价格、机械使用费及取费标准等；

3. 融资风险：资金来源、供应量与供应时间等；

4. 建设工期风险：工期延长；

5. 运营成本费用风险：投入的各种原料、材料、燃料、动力的需求量与预测价格、劳动力工资、各种管理费取费标准等；

6. 政策风险：税率、利率、汇率及通货膨胀率等。

7.5　风险识别

风险识别是风险分析的基础，运用系统论的方法对项目进行全面考察综合分析，找出潜在的各种风险因素，并对各种风险进行比较、分类，确定各因素间的相关性与独立性，判断其发生的可能性及对项目的影响程度，按其重要性进行排队，或赋予权重。

1. 风险识别方法。风险识别应根据项目的特点选用适当的方法。常用的方法有问卷调查、专家调查法和情景分析等。具体操作中，一般通过问卷调查或专家调查法完成，建立项目风险因素调查表（见7.9）。

2. 风险识别应注意的问题。

1)建设项目的不同阶段存在的主要风险有所不同；

2)风险因素依项目不同具有特殊性；

3)对于项目的有关各方（不同的风险管理主体）可能会有不同的风险；

4)风险的构成具有明显的递阶层次，风险识别应层层剖析，尽可能深入到最基本的风险单元，以明确风险的根本来源；

5)正确判断风险因素间的相关性与独立性；

6)识别风险应注意借鉴历史经验，要求分析者富有经验、创建性和系统观念。

7.6 风险估计

风险估计又称风险测定、测试、衡量和估算等。风险估计是在风险识别之后，通过定量分析的方法测度风险发生的可能性及对项目的影响程度。

1. 风险估计与概率。风险估计是估算风险事件发生的概率及其后果的严重程度，因此，风险与概率密切相关。概率是度量某一事件发生的可能性大小的量，它是随机事件的函数。必然发生的事件，其概率为1，不可能事件，其概率为零，一般的随机事件，其概率在0与1之间。风险估计分为主观概率（估计）和客观概率（估计）两种。

1)主观概率（估计）是指人们对某一风险因素发生可能性的主观判断，用介于0到1的数据来描述。这种主观估计基于人们所掌握的大量信息或长期经验的积累，而不是随意“拍脑袋”。

2)客观概率（估计）是根据大量的试验数据，用统计的方法计算某一风险因素发生的可能性，它是不以人的主观意志为转移的客观存在的概率，客观概率计算需要足够多的试验数据作支持。

3)在项目评价中，要对项目的投入与产出进行从机会研究到投产运营全过程的预测。由于不可能获得足够时间与资金对某一事件发生的可能性作大量的试验，又因事件是将来发生的，也不可能做出准确的分析，很难计算出该事件发生的客观概率，但决策又需要对事件发生的概率做出估计，因此项目前期的风险估计最常用的方法是由专家或决策者对事件出现的可能性做出主观估计。

2. 风险估计与概率分布。

1)风险估计的一个重要方面是确定风险事件的概率分布。概率分布用来描述损失原因所致各种损失发生可能性的分布情况，是显示各种风险事件发生概率的函数。概率分布函数给出的分布形式、期望值、方差、标准差等信息，可直接或间接用来判断项目的风险。

2)常用的概率分布类型有离散概率分布和连续概率分布。当输入变量可能值为有限个数，这种随机变量称为离散随机变量，其概率称离散概率，它适用于变量取值个数不多的输入变量。当输入变量的取值充满一个区间，无法按一定次序一一列举出来时，这种随机变量称连续随机变量，其概率称连续概率，常用的连续概率分布有正态分布、对数正态分布、泊松分布、三角分布、二项分布等。各种状态的概率取值之和等于1。

3)在风险估计中，确定概率分布时，需要注意充分利用已获得的各种信息进行估测和计算，在获得的信息不够充分的条件下则需要根据主观判断和近似的方法确定概率分布，具体采用何种分布应根据项目风险特点而定。确定风险事件的概率分布常用的方法有概率树、蒙特卡罗模拟及CIM模型等分析法。

7.7 风险评价

风险评价是对项目经济风险进行综合分析，是依据风险对项目经济目标的影响程度进行项目风险分级排序的过程。它是在项目风险识别和估计的基础上，通过建立项目风险的系统评价模型，列出各种风险因素发生的概率及概率分布，确定可能导致的损失大小，从而找到该项目的关键风险，确定项目的整体风险水平，为如何处置这些风险提供科学依据。风险评价的判别标准可采用两种类型：

1. 以经济指标的累计概率、标准差为判别标准。

1)财务（经济）内部收益率大于等于基准收益率的累计概率值越大，风险越小；标准差越小，风险越小。

2)财务（经济）净现值大于等于零的累计概率值越大，风险越小；标准差越小，风险越小。

2. 以综合风险等级为判别标准。

风险等级的划分既要考虑风险因素出现的可能性又要考虑对风险出现后对项目的影响程度，有多种表述方法，一般应选择矩阵列表法划分风险等级。矩阵列表法简单直观，将风险因素出现的可能性及对项目的影响程度构造一个矩阵，表中每一单元对应一种风险的可能性及其影响程度。为适应现实生活中人们往往以单一指标描述事物的习惯，将风险的可能性与影响程度综合起来，用某种级别表示，见表7.7。该表是以风险应对的方式来表中风险的综合等级。所示风险等级亦可采用数学推导和专家判断相结合确定。

表7.7　综合风险等级分类表

综合风险等级		风险影响的程度			
		严重	较大	适度	低
风险的可能性	高	K	M	R	R
	较高	M	M	R	R
	适度	T	T	R	I
	低	T	T	R	I

综合风险等级分为K、M、T、R、I五个等级：

K（Kill）表示项目风险很强，出现这类风险就要放弃项目；

M（Modify plan）表示项目风险强，需要修正拟议中的方案，通过改变设计或采取补偿措施等；

T（Trigger）表示风险较强，设定某些指标的临界值，指标一旦达到临界值，就要变更设计或对负面影响采取补偿措施；

R（Review and reconsider）表示风险适度（较小），适当采取措施后不影响项目；

I（Ignore）表示风险弱，可忽略。

落在该表左上角的风险会产生严重后果；落在这个表左下角的风险，发生的可能性相对低，必须注意临界指标的变化，提前防范与管理；落在该表右上角的风险影响虽然相对适度，但是发生的可能性相对高，也会对项目产生影响，应注意防范；落在该表右下角的风险，损失不大，发生的概率小，可以忽略不计。

以上推荐的风险等级的划分标准并不是唯一的，其他可供选择的划分标准有很多，如常用的风险等级划分为1～9级等。

7.8　风险应对

在经济风险分析中找出的关键风险因素，对项目的成败具有重大影响，需要采取相应的应对措施，尽可能降低风险的不利影响，实现预期投资效益。

1. 选择风险应对的原则。

1)贯穿于项目可行性研究的全过程。可行性研究是一项复杂的系统工程，而经济风险来源于技术、市场、工程等各个方面，因此，应从规划设计上就采取规避防范风险的措施，才能防患于未然。

2)针对性。风险对策研究应有很强的针对性，应结合行业特点，针对特定项目主要的或关键的风险因素提出必要的措施，将其影响降低到最小程度。

3)可行性。可行性研究阶段所进行的风险应对研究应立足于现实客观的基础之上，提出的风险应对应在财务、技术等方面是切实可行的。

4)经济性。规避防范风险是要付出代价的，如果提出的风险应对所花费的费用远大于可能造成的风险损失，该对策将毫无意义。在风险应对研究中应将规避防范风险措施所付出的代价与该风险可能造成的损失进行权衡，旨在寻求以最少的费用获取最大的风险效益。

2. 决策阶段的风险主要应对。

1)提出多个备选方案，通过多方案的技术、经济比较，选择最优方案；

2)对有关重大工程技术难题潜在风险因素提出必要研究与试验课题，准确地把握有关问题，消除模糊认识；

3)对影响投资、质量、工期和效益等有关数据，如价格、汇率和利率等风险因素，在编制投资估算、制定建设计划和分析经济效益时，应留有充分的余地，谨慎决策，并在项目执行过程中实施有效监控。

3. 建设或运营期的风险可建议采取回避、转移、分担和自担措施。

1)风险回避是彻底规避风险的一种做法，即断绝风险的来源。风险回避一般适用于以下两种情况，某种风险可能造成相当大的损失；风险应对防范风险代价昂贵，得不偿失。

2)风险分担是针对风险较大，投资人无法独立承担，或是为了控制项目的风险源，而采取与其他企业合资或合作等方式，共同承担风险、共享收益的方法。

3)风险转移是将项目业主可能面临的风险转移给他人承担，以避免风险损失的一种方法。转移风险有两种方式，一是将风险源转移出去，如将已做完前期工作的项目转给他人投资，或将其中风险大的部分转给他人承包建设或经营；二是只把部分或全部风险损失转移出去，包括保险转移方式和非保险转移方式两种。

4）风险自担就是将风险损失留给项目业主自己独立承担项目的风险。投资者已知有风险但由于可能获利而需要冒险时，同时又不愿意将获利的机会分给别人，必须保留和承担这种风险。

上述风险应对不是互斥的，实践中常常组合使用。可行性研究中应结合项目的实际情况，研究并选用相应的风险对策。

7.9 风险分析方法简述

风险分析方法很多，本方法仅简单扼要介绍几种常用方法的基本原理和基本操作步骤。具体应用须参见有关书籍。

1. 专家调查法。对风险的识别和评价可采用专家调查法。专家调查法简单、易操作，它凭借分析者（包括可行性研究人员和决策者等）的经验对项目各类风险因素及其风险程度做出定性估计。专家调查法可以通过发函、开会或其他形式向专家进行调查，对项目风险因素、风险发生的可能性及风险对项目的影响程度评定，将多位专家的经验集中起来形成分析结论。由于它比一般的经验识别法更具客观性，因此应用较为广泛。

采用专家调查法时，专家应熟悉该行业和所评估的风险因素，并能做到客观公正。为减少主观性，聘用的专家应有一定数量，一般应在10~20位左右。具体操作上，将项目可能出现的各类风险因素、风险发生的可能性及风险对项目的影响程度采取表格形式一一列出，请每位专家凭借经验独立对各类风险因素的可能性和影响程度进行选择，最后将各位专家的意见归集起来，填写专家调查表。专家调查法是获得主观概率的基本方法。

2. 层次分析法。层次分析法（The Analytic Hierarchy Process）是美国著名运筹学家，匹兹堡大学教授T. L. Saaty于20世纪70年代中期提出的一种定性与定量相结合的决策分析方法，简称AHP方法。层次分析法是一种多准则决策分析方法，在风险分析中它有两种用途：一是将风险因素逐层分解识别，见图7.9，直至最基本的风险因素，也称正向分解；二是两两比较同一层次风险因素的重要程度，列出该层风险因素的判断矩阵（判断矩阵可由专家调查法得出），判断矩阵的特征根就是该层次各个风险因素的权重（具体计算方法可参见介绍层次分析的书籍），利用权重与同层次风险因素概率分布的组合，求得上一层风险的概率分布，直至求出总目标的概率分布，也称反向合成。运用层次分析法解决实际问题一般包括四个步骤：

1）建立所研究问题的递阶层次结构；

2）构造两两比较判断矩阵；

3）由判断矩阵计算被比较元素的相对权重；

4）计算各层元素的组合权重；

5）将各子项的权重与子项的风险概率分布加权叠加，即得出项目的经济风险概率分布。

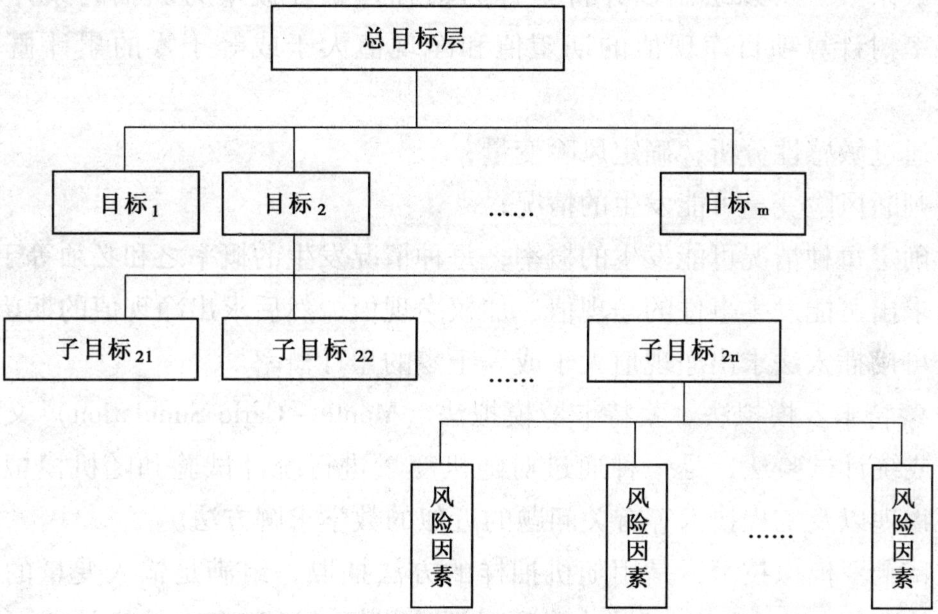

图 7.9　风险因素的递阶层次图

3. CIM 方法。CIM 模型（CIM，Controlled Interval and Memory Model）是控制区间和记忆模型，也称概率分布的叠加模型，或“记忆模型”。它是 C. 钱伯曼（C. Chapman）和 D. 库泊（D. Cooper）在 1983 年提出的。CIM 模型包括串联响应模型和并联响应模型，它们分别是以随机变量的概率分布形式进行串联、并联叠加的有效方法。

CIM 方法的主要特点是：用离散的直方图表示随机变量概率分布，用和代替概率函数的积分，并按串联或并联响应模型进行概率叠加。在概率叠加的时候，CIM 方法可将直方图的变量区间进行调整，即所谓的区间控制，一般是缩小变量区间，使直方图与概率解析分布的误差显著减小，提高了计算的精度。CIM 模型同时也可用“记忆”的方式考虑前后变量的相互影响，把前面概率分布叠加的结果记忆下来，应用“控制区间”的方法将其与后面变量的概率分布叠加，直至最后一个变量为止。应用 CIM 方法解决实际问题时，可参照层次分析法的应用步骤进行（具体计算方法可参见介绍 CIM 模型的书籍）。

4. 概率树。概率树分析是假定风险变量之间是相互独立的，在构造概率树的基础上，将每个风险变量的各种状态取值组合计算，分别计算每种组合状态下的评价指标值及相应的概率，得到评价指标的概率分布，并统计出评价指标低于或高于基准值的累计概率，计算评价指标的期望值、方差、标准差和离散系数。可以绘制以评价指标为横轴，累计概率为纵轴的累计概率曲线。概率树计算项目净现值的期望值和净现值大于或等于零的累计概率的计算步骤：

1）通过敏感性分析，确定风险变量；

2）判断风险变量可能发生的情况；

3）确定每种情况可能发生的概率，每种情况发生的概率之和必须等于1；

4）求出可能发生事件的净现值、加权净现值，然后求出净现值的期望值；

5）可用插入法求出净现值大于或等于零的累计概率。

5. 蒙特卡罗模拟法。蒙特卡罗模拟法（Monte - Carlo Simulation）又称随机模拟法或统计试验法，是一种通过对随机变量进行统计试验和随机模拟，求解数学、物理以及工程技术等有关问题的近似的数学求解方法。

蒙特卡罗模拟技术，是用随机抽样的方法抽取一组满足输入变量的概率分布特征的数值，输入这组变量计算项目评价指标，通过多次抽样计算可获得评价指标的概率分布及累计概率分布、期望值、方差、标准差，计算项目可行或不可行的概率，从而估计项目投资所承担的风险。模拟过程：

1）通过敏感性分析，确定风险变量；

2）构造风险变量的概率分布模型；

3）为各输入风险变量抽取随机数；

4）将抽得的随机数转化为各输入变量的抽样值；

5）将抽样值组成一组项目评价基础数据；

6）根据基础数据计算出评价指标值；

7）整理模拟结果所得评价指标的期望值、方差、标准差和它的概率分布及累计概率，绘制累计概率图，计算项目可行或不可行的概率。

7.10 风险分析操作的简要过程

在具体操作过程中，经济风险分析区别两种情况：

第一种情况：项目经济风险分析在敏感性分析的基础上进行，只需要分析敏感因素发生的可能性及对经济评价指标的影响程度，没有必要再进行详细的风险识别，可选择适当的方法估计风险发生的概率，然后进行风险估计、风险评价与应对研究。

进行经济风险分析时，风险因素主观概率的估计是在给定风险因素的变化区间后，由专家估计风险因素在不同区间变化的可能性，填入概率分布统计表，表格格式见表7.10－1。各变化区间填写的数值之和应等于1。

表7.10－1　财务现金流量分析风险因素变化区间的概率分布统计表

序号	风险因素	－20%～－15%	－15%～－10%	－10%～－5%	－5%～0%	0%	0%～5%	5%～10%	10%～15%	15%～20%
1	现金流入									
1.1	产出品价格			0.1	0.2	0.5	0.1	0.1		
1.2	产量	0.01	0.04	0.1	0.15	0.4	0.15	0.10	0.04	0.01
	……									
2	现金流出									
2.1	设备价格	0	0	0.05	0.1	0.2	0.3	0.2	0.1	0.05
2.2	土地价格	0	0	0	0	0.05	0.35	0.3	0.2	0.1
2.3	材料消耗量	0	0.1	0.2	0.4	0.2	0.1	0	0	0
2.4	原材料价格									
	……									

由以上调查统计表得出各个风险因素的概率分布后，可以利用蒙特卡罗模拟法计算经济评价指标的概率分布，以及相应的累计概率、期望值和标准差等指标。

第二种情况：项目需要进行系统的专题经济风险分析时，应按前述四个阶段的要求进行。采用专家调查与层次分析相结合的方法识别风险因素，建立风险因素调查统计表，表格格式见表7.10－2，估计风险因素出现的可能性和对项目的影响程度，确定各个风险因素等级的概率分布。

表 7.10－2　风险因素专家调查统计表

序　号	风险因素名称	出现的可能性				出现后对项目影响程度			
		高	强	适度	低	高	强	适度	低
1	市场方面								
1.1	市场需求量			√					√
1.2	竞争能力		√				√		
1.3	价格		√			√			
	……				√				
2	技术方面								
2.1	可靠性							√	
2.2	适用性								√
3	资源方面								
3.1	资源储量			√			√		
3.2	开采成本				√			√	
	……								
4	工程地质方面								
	……								
5	投融资方面								
5.1	汇率								
5.2	利率				√			√	
6	投资额				√		√		
6.1	工期								
	……								
7	配套条件								
7.1	水、电、气供应								
7.2	交通运输条件								
7.3	其他配套工程								
	……								

专家姓名　　　　　　　　专业

职称　　　　　　　　　　所在单位

具体分析步骤可参见表 7.10－3。

表 7.10－3　专题风险分析的流程

风险识别	步骤 1	1	设立适宜的风险分析内容和目标
		1.1	保证有足够的信息以开展风险分析
		1.2	明确分析目标、条件和要求
		1.3	确定假设条件
		1.4	确定项目成功的关键判据
	步骤 2	2	收集有关风险信息
		2.1	风险细分
		2.2	分析每个子项（或称目标、子目标）包含的内容
		2.3	分析子项之间的关系：独立性及相关性
		2.4	列出可能的风险原因
		2.5	识别每个子项的基本风险因素
		2.6	准备子项风险清单
	步骤 3	3	风险分类
		3.1	根据风险原因对风险进行分类
		3.2	定性分析影响的效果：风险发生的可能性及后果
		3.3	判断风险因素的权重
		3.4	填写子项风险清单
风险估计	步骤 4	4	风险量化估计
		4.1	确定是否需要进行定量估计
		4.2	运用 AHP、CIM、Monte－Carlo 定量分析风险发生的可能性及后果，获得风险等级的概率分布、最可能发生的风险等级
		4.3	按照风险的影响程度对其进行排队
		4.4	绘制风险等级概率分布图和表
		4.5	风险确定项目综合风险等级
风险评价与对策	步骤 5	5	风险综合评价
		5.1	确定每个风险或每组风险水平
		5.2	根据风险等级的判别标准衡量其可接受性
	步骤 6	6	制定风险对策
		6.1	为不能接受的风险设计替换方案
		6.2	制定项目全过程风险控制方案
		6.3	建立项目实施与运营过程风险监控信息系统

8 区域经济与宏观经济影响分析

8.1 区域经济影响分析和宏观经济影响分析

1. 特大型建设项目的区域经济影响分析是指从区域经济的角度出发，综合分析特大型建设项目的建设对项目所在区域乃至较大区域的经济活动的各方面影响，包括对区域现存发展条件、经济结构、城镇建设、劳动就业、土地利用、生态环境等方面现实和长远影响的分析。

特大型建设项目的宏观经济影响分析是指从国民经济整体角度出发，综合分析特大型建设项目的建设对国家宏观经济的各方面影响，包括对国民经济总量增长、产业结构调整、生产力布局、自然资源开发、劳动就业结构变化、物价变化、收入分配等方面影响的分析，以及国家承担项目建设的能力即国力的分析、项目时机选择对国民经济影响的分析等。

2. 特大型建设项目的区域经济和宏观经济影响分析与一般经济费用效益分析，既有相同的方面，又有很大的不同。

相同的方面表现在，两者都是着眼于项目对经济整体的影响，分析项目可能带来的各方面效益和需要的各种投入，都具有旨在促进资源优化配置实现社会福利最大化的目的。

但两者的不同方面更多，具体表现在：

1）一般项目经济分析的核心是费用效益分析，即从全社会的角度出发，考察项目能否有利于资源最优化配置并实现国民收入（社会福利）最大增长，主要通过货物影子价格、影子工资、影子汇率和社会折现率等经济参数分析、计算项目对国民经济的净贡献，评价项目的经济合理性。一般经济费用效益分析中，通常通过采用考虑到时间价值的社会折现率来体现动态分析要求，但费用和效益的加总仍然基于现行价格和评价价格的不变性，同时还假定了时间因素的不变性。仅以社会折现率指标对费用和效益进行时间贴现，实际上没有完全体现动态特征。

对于特大型建设项目，由于建设周期相当长，资源的供求关系变化很大，在建设期间巨大的物力、人力和财力的投入就有可能改变资源供求格局，以致当工程投产时所面临的经济态势已完全改变了。一般经济费用效益分析的假设和分析方法显然已不适用，需要进行多方面的分析和考虑。特大型建设项目的效益也是多方面的，既包括正效益，也包括负效益。如果仅用社会折现率一个指标，则会低估某些效益高估另一些效益，无法反映效益的真实性。

2)一般项目的经济费用效益分析将国际市场价格视为评价价格的比较基础，以此达到实现引导投资、调整产业结构的目的，这有可能对我国特定的产业结构施加不利的影响。对特大型建设项目的宏观经济分析则要立足于我国的现实国情，具体情况具体分析。

3)一般项目的财务分析可采用总量指标（如净产值、社会纯收入、国内生产总值等）来衡量项目的经济效益。对特大型建设项目来说，仅采用总量指标是不完全的，还需要进行结构分析才能真正把握项目的经济效益。

4)一般项目经济费用效益分析忽略不同利益主体的偏好差异，认为只要项目有净效益，就必然对各个利益主体（或者对社会的每一个人）都有利，不必考虑各利益主体之间的矛盾以及最终分配。特大型建设项目涉及的利益主体复杂，不仅包括中央政府或主管的政府部门，而且包括项目所在地区的政府、项目所在地区的居民、项目主持单位、项目受益单位等，彼此价值判断不同，因而要全面权衡，使各主体利益协调一致。

3. 特大型建设项目区域经济影响分析的目的在于通过分析做到有效地开发利用资源，合理配置人、财、物力，使部门之间、企业之间、生产性建设和非生产性建设之间在地区分布上协调组合，提高社会经济效果，保持良好的生态环境，促进地区开发建设顺利进行。

特大型建设项目宏观经济影响分析的目的在于通过分析判断国家承担项目投资建设的能力，项目对国民经济总量增长和结构改善的贡献，项目对劳动就业、收入分配、物价变化等方面的影响，项目可能存在的各种风险，从而选择有利的投资机会和上马时机，促进项目开发建设顺利进行，实现生产力在宏观范围内合理布局，推动国民经济协调发展。

8.2　特大型建设项目的特征与类型

1. 特大型建设项目的特征：一是在国民经济和社会发展中占有很重要的战略地位；二是建设工期或实施周期长；三是投资总额或人力物力财力的投入量大，而且年度投入量的分布非常不均匀；四是项目上马前和完成后国家经济发展水平有很大变化，潜在需求变化大，因而导致效益的突变性大；五是项目的技术风险大；六是对生态环境会产生很大影响；七是对国家经济安全带来较大影响。

2. 特大型建设项目具体类型包括：特大型基础设施项目，如铁路、高速公路、水利工程、港口等；特大型资源开发项目，如油田开发，气田开发，其他矿藏开采，油、气长距离管道输送等；特大型重型工业企业建设；大规模区域开发项目；特大型高科技攻关项目，如尖端科研国际合作项目，航空、航天、国防等高科技关键技术攻关项目等；特大型生态保护工程；等等。

3. 特大型建设项目也是一个相对性的概念。随着经济发展，生产力水平的不断提高，一些在当时被认为投资规模巨大可称得上特大型的建设项目，在后来却只能算作一般工程。但在实际进行分析评估时，应以当时的情况为准进行取舍。

8.3 特大型建设项目对区域和宏观经济的影响

1. 特大型建设项目对区域和宏观经济的影响是多方面的，既有有利的影响（正效益），也有不利的影响（负效益）。不利影响表明了特大型建设项目除实际发生的投资外，区域范围内及国民经济整体为项目建设所付出的代价。项目总的效益应为正效益与负效益相抵并扣除实际投资后的余额。特大型建设项目对区域和宏观经济影响的多方面性还表现在：既有总量影响，也有结构影响；既有对资源开发的影响，也有对资源利用的影响；既有经济影响，也有社会影响、环境影响等。

特大型建设项目影响的广泛性也意味着对其分析更多的是采用个案分析，从实际出发，具体问题具体分析；还意味着要强调专项分析，对某一方面影响进行专门分析，如对国力承担能力的分析等。

2. 特大型建设项目对所在区域的影响表现在：

1）特大型建设项目可能改变其所在区域的功能与发展条件。伴随着特大型建设项目的建设，所在区域的基础设施如交通、能源供应条件等首先得到相应的发展，其他有利于投资建设的环境条件也会相应而生，如有专业技能的劳动力供给、生活及服务设施的改善等。

2）特大型建设项目的建设可能改变所在区域的产业结构。在一个原有基础比较薄弱的地区，特大型建设项目的建设可能建立起一套全新的经济结构，通过国家强制性布置产业，迅速推进地方经济的成长与进步。在原有经济基础较好、经济实力较强的地区，特大型建设项目所在区可能会分离而成某城市的卫星城、大功能区或新城区，促进城市规模迅速扩大，从而改变原有经济结构，推动经济发展。

3）特大型建设项目可以促进区域产业循环的形成。特大型建设项目由于投资大、产出多、占地广、技术水平高等特点，很容易形成所在区域的核心产业，并可能围绕核心产业出现一系列辅助性产业，或者利用特大型建设项目的建设提供的基础设施形成一定规模的地方产业集聚，有利于推动所在区域的整体发展。

4）特大型建设项目对所在区域也可能带来负面影响，主要表现在耕地减少、环境污染、人与环境关系紧张、历史文化遗产遭到破坏、冲击区域经济、削弱地方原有优势等。这些影响有的是直接的并立即表现出来的，有些则是间接的，而且缓慢地表现出来。

3. 特大型建设项目对宏观经济的影响主要表现在：

特大型建设项目建成后，通过项目自身发挥效益，促进国民经济总量增长；通过带动所在区域经济结构调整和经济总量增长，导致国民经济结构优化和总量增长；通过吸纳有一定专长的劳动力和其他类型劳动力，增加劳动就业，改变就业结构（包括就业的产业结构、知识结构等）；通过提供国民经济发展急需的基础设施或能源或技术等，减轻乃至消除经济发展中的“瓶颈”制约因素的作用；推进国家的城市化进程，从而提升国民经济整体实力，促进现代化建设。特大型建设项目还有利于改变地区发展不平衡的现状，促进地区之间产业合理布局协调发展，有利于改变国民收入分配格局，帮助贫困落后地区脱贫致富。由于特大型建设项目一般都采用先进技术设备和最新技术成果，因而也有利于加快技术进步，提高技术进步对经济增长的贡献份额。

特大型建设项目由于建设规模巨大，需要大量的人财物力，一方面可以通过投资拉动作用促进经济增长，另一方面也由于大量增加了对某些类型投入资源或物品的需求，导致这些资源或物品价格上涨，进而影响到价格总水平。项目建成后，由于其产量巨大，会改变某些物品的供求格局，可能导致这些物品供应的瓶颈制约作用的消除或者供给大大超过需求，对国家经济安全带来有利影响或不利影响。

特大型建设项目还由于在规划建设的过程中越来越强调以人为本，追求人与环境的和谐统一，因而会有利于环境保护，生态改善。特大型建设项目建成后提供的产出物一般应具有档次高、质量好、资源利用率高等特点，这也为环境保护和资源开发与保护更加协调提供了有利条件。当然，也可能情形相反，某些特大型建设项目也可能在短期和局部范围内会造成环境污染，破坏生态平衡。

8.4 特大型建设项目的区域和宏观经济影响的分析原则

1. 系统性原则。特大型建设项目本身就是一个系统，但从国民经济的全局来看，它又是国民经济这个大系统中的一个子系统。一个子系统的产生与发展，对于原有的大系统内部结构和运行机制将会带来冲击。原来的大系统会由于特大型建设项目的加入而改变原来的运行轨迹或运行规律。按照协同学理论，系统总是可以按照自身的结构与机制，使得原有的大系统能够“容忍”或“接纳”特大型建设项目的存在。这种协调的过程，或者使特大型建设项目与国民经济融为一体，或者特大型建设项目适当改变自己的结构与机制，以适应国民经济大系统的运行规律，或者甚至使特大型建设项目被排除在国民经济大系统之外，后者就意味着特大型建设项目的失败。为了保证特大型建设项目的建设成功和国民经济系统稳定运行，对特大型建设项目一定要从全局的观点，用系统论的方法来分析其可能带来的各方面的影响，尤其是对区域经济和宏观经济的影响。

2. 综合性原则。特大型建设项目建设周期长，投资巨大，影响面广泛。特大型项目的投入（包括建设和投产）将给原有经济系统的结构（包括产业结构、投资结构、就业结构、供给结构、消费结构、价格体系和区域经济等）、状态和运行带来重大的变化。它不仅影响到经济总量，而且影响到经济结构；不仅影响到资源开发，而且影响到资源利用，人力、物力、财力配置；不仅对局部区域有影响，而且对国民经济整体产生影响。因此，分析特大型建设项目对区域和宏观经济影响要坚持综合性原则，进行综合分析，不能仅分析某一方面的影响而忽略其余。

3. 定量分析与定性分析相结合原则。特大型建设项目对区域和宏观经济的影响是广泛而深刻的，既包括实实在在的有形效果和经济效果，可以用价值型指标进行量化；也包括更大量的无形效果和非经济效果，难以用价值型指标进行量化。对于前者无疑要以定量分析为主，把握其数值大小；对于后者必须进行定性分析或进行比较性描述，或者用其他类型指标或指标体系进行描述或数量分析，以便对其作出准确评价，为项目决策提供充分依据。

8.5 特大型建设项目对区域和宏观经济影响的评价指标体系

1. 总量指标。评价特大型建设项目对区域和宏观经济影响的总量指标包括增加值、净产值、社会纯收入等经济指标。

增加值是指项目投产后对国民经济的净贡献，即每年形成的国内生产总值。对项目而言，按收入法计算增加值较为方便。

增加值 = 项目范围内全部劳动者报酬 + 固定资产折旧 + 生产税净额 + 营业盈余

净产值是指项目全部效益扣除各项费用（不包括工资及附加费）后的余额。

社会纯收入是指净产值扣除工资及附加费后的余额。

增加值、净产值和社会纯收入的年值可分别由各自的总现值折算。

由于特大型建设项目一般均为综合性项目，具有多种效益，具体计算时，应根据项目发挥效益的类别逐项计算。

2. 结构指标。评价特大型建设项目对区域和宏观经济影响的结构指标主要包括影响力系数、三次产业结构、就业结构等。

影响力系数也被称为带动度系数，是指特大型建设项目所在的产业，当它增加产出满足社会需求，每增加一个单位最终需求时，对国民经济各部门产生的增加产出的影响。用公式表示为：

$$影响力系数 = \sum_{i=1}^{n} b_{ij} \Big/ \left(\sum_{j=1}^{n} \sum_{i=1}^{n} b_{ij} \Big/ n \right) \qquad (8.5-1)$$

式中：b_{ij}为列昂惕夫逆矩阵系数，即完全消耗系数，表示生产第j个部门的一个最终产品对第i个部门的完全消耗量；n为国民经济的产业部门总数。

影响力系数大于1表示该产业部门增加产出对其他产业部门产出的影响程度超过社会平均水平，影响力系数越大，该产业部门对其他产业部门的带动作用越大，对经济增长的影响越大。

产业结构可以各产业增加值计算，反映各产业在国内生产总值中所占份额大小。特大型建设项目建设前后产业结构的变化反映了项目对产业结构的影响。

就业结构包括就业的产业结构、就业的知识结构等，前者指各产业就业人数的比例，后者指不同知识水平就业人数的比例。特大型建设项目建设前后就业结构的变化反映了项目对就业结构的影响。

3. 社会与环境指标。

1）就业效果指标。实现社会充分就业是宏观经济致力于实现的重要目标之一。评价特大型建设项目的就业效果对存在大量过剩劳动力的我国尤其具有意义。劳动力就业效果一般用项目单位投资带来的新增就业人数表示，即：

$$单位投资就业效果=\frac{新增总就业人数(包括本项目与相关项目)}{项目总投资(包括直接投资与间接投资)}(人/万元) \quad (8.5-2)$$

总就业效果可分为直接投资所产生的直接就业效果和与该项目直接相关的其他项目的投资产生的间接就业效果。

$$直接就业效果=\frac{本项目新增的就业人数}{本项目的直接投资}(人/万元) \quad (8.5-3)$$

$$间接就业效果=\frac{相关项目新增就业人数}{相关项目投资}(人/万元) \quad (8.5-4)$$

2)收益分配效果。分配效果指标用于检验项目收益分配在国家、地方、企业、职工间的分配比重是否合理。主要有以下几项：

$$国家收益分配比重=\frac{项目上缴国家的收益}{项目的总收益}\times 100\% \quad (8.5-5)$$

$$地方收益分配比重=\frac{项目上缴地方的收益}{项目的总收益}\times 100\% \quad (8.5-6)$$

$$企业收益分配比重=\frac{企业的收益}{项目的总收益}\times 100\% \quad (8.5-7)$$

$$职工收益分配比重=\frac{职工的收益}{项目的总收益}\times 100\% \quad (8.5-8)$$

为体现国家对老、少、边、穷等贫困地区的重视，使这类地区的项目得以优先通过，也可设置贫困地区收益分配指标，通过对贫困地区赋予较高的收益分配权重，判定其对贫困地区收益分配的贡献。

3)对资源和环境的影响效果指标。对资源和环境的影响效果指标主要有节能效果指标、节约时间效果指标、节约用地效果指标、节约水资源效果指标等几类。

节能效果以项目的综合能耗水平（可折合成“年吨标煤消耗”）来反映。

$$项目的综合能耗水平=\frac{项目的综合能耗}{项目的净产值} \quad (8.5-9)$$

项目的综合能耗水平低于社会平均能耗水平，则说明项目具有较好的节能效果。

节约时间的效果分析应结合具体项目进行。此类指标对交通运输类特大型建设项目尤其具有意义。

节约用地效果用单位投资占地反映。

$$单位投资占地 = \frac{项目土地占用量}{项目总投资}（平方米/万元） \qquad (8.5-10)$$

项目单位投资占地低于社会平均水平，则说明项目具有较好的节约用地效果。

类似地，节约用水效果以项目单位产值或产品耗水量来反映。

$$项目单位产值耗水量 = \frac{项目总耗水量}{项目总产值}（立方米/人·日） \qquad (8.5-11)$$

项目单位产值耗水量和国家与地区规定的定额比较，可判定项目的节水效果。对生产性项目应分别计算单位产品生产用水和项目人均耗水量，单位产品耗水量应与行业规定的定额进行比较。

4. 国力适应性指标。特大型建设项目由于建设规模巨大，需要耗费大量的人力、物力、财力、自然资源等，这自然会产生国力能否承受的问题。因为特大型建设项目耗费过多，必然会影响到国民经济其他地区、其他部门的建设和发展。如果特大型建设项目挤占资源过多，导致其他领域所需资源无法满足阻碍了项目的发展进程；或者由于特大型建设项目使用的投入品过多，引发该物品供应紧张，抬升了重要物品的价格，乃至加剧通货膨胀水平，则说明国力承担该项目的能力不足。

由于我国劳动力资源极其丰富，因而对国力承担能力即国力适应性的评价主要分析财力和物力，这也是我们要重点分析的。但项目对特殊技能人才的需求、项目对人才资源的开发和利用等也需作专门分析。

国家财力是指一定时期内国家拥有的资金实力，其构成要素包括：国内生产总值（或国民收入）、国家财政收入、信贷总额、外汇储备、可利用的国外资金等。其中最主要的指标是国内生产总值（或国民收入）和国家财政收入。国内生产总值（或国民收入）水平和增长速度反映了国家当前的经济实力和未来实力增长趋势，对特大型建设项目的投资规模具有直接影响。财力承担能力一般通过国内生产总值（或国民收入）增长率、特大型建设项目年度投资规模分别占国内生产总值（或国民收入）、全社会固定资产投资和国家预算内投资等指标的比重等指标来衡量。对运用财政资金的项目，财政投入占财政收入比例的高低反映财政对项目资金需求承受能力的大小。

国家物力是指国家所拥有的物质资源，包括工农业主要产品及储备量，矿产资源储备量、森林、草场以及水资源等。物力取决于国家可供追加的生产资料和消费资料的数量和构成。一般特大型建设项目物力承担能力主要指能源、钢材、水泥和木材等主要物资能否支持项目兴建。物力承担能力评价一般通过特大型建设项目对这几类主要物资的年度需要量占同期产量的比重来衡量。

特大型建设项目的国力承担能力评价需要结合对国家未来经济发展的预测来进行。

8.6 特大型建设项目的区域和宏观经济影响分析常用的几类经济数学模型

1. 宏观经济计量模型。宏观经济计量模型是在一定的经济假设下，依据一定的经济理论，建立众多经济变量之间的关系式，利用变量的历史序列数据对关系方程式组成的联立方程组进行回归分析运算，确定方程式中的经济参数和其他参数数值，从而得出方程的确定形式，并在此基础上预测未来经济发展趋势，或者判定经济变量或经济参数对经济发展的影响。模型一般包括生产、收入、投资、消费、劳动力、财政、金融、价格、贸易、能源等模块，能较全面地反映现实经济结构及其数量关系。模型还应包括受特大型建设项目影响的区域经济模型块，并进行联立计算求解。利用宏观经济计量模型分析特大型建设项目对区域和宏观经济的影响，主要是考察有无该项目的两种情况下宏观经济计量模型的运算结果，从而判定项目对区域和宏观经济影响的大小和好坏。

2. 经济递推优化模型。经济递推优化模型是将国家长远战略目标和短期平衡发展目标有机结合起来，在国力约束和供需平衡下，以年度国民收入最大为目标函数的模型。具体约束还包括产业间投入产出均衡、年度产业产出能力、消费基金年增长水平、积累率上下限、非生产性和更新改造投资比例、外资平衡、必要性进口等。模型通过调整投资、消费结构和状态转移方程，使产业结构趋于合理化，在影响国力环境的因素约束下寻找特大型建设项目对宏观经济的有利影响和国民经济发展的合理途径。

3. 动态投入产出模型。投入产出模型是指依据美国著名经济学家列昂惕夫（W. Leontief）创立的投入产出经济学的原理，利用大量实际经济数据，构造反映国民经济各部门之间生产联系的投入产出表，根据该表可计算出各部门的投入系数（即直接消耗系数）和完全消耗系数，并进一步可计算各部门的影响力系数和感应度系数，分析判断各部门对国民经济其他部门的影响或其他部门发展对某一部门的影响。简言之，投入产出分析可以从数量上系统地研究一个复杂经济实体的各不同部门之间的相互关系。这个经济实体可以大到一个国家，甚至整个世界，小到一个省、市或企业部门的经济。

动态投入产出模型通过引入投资具有一个多年延迟的生效过程，以及不同部门的投资具有对其他部门不同的实物需求，使动态投入产出模型可以从时间上反映国民经济在某一个时期的发展轨迹，表述国民经济各部门之间实物上的平衡和结构上的协调。应用动态投入产出模型可以分析特大型建设项目对国民经济各部门的增长和结构的影响。在时间上可以考虑从准备期、建设期到建成后这一较长时间跨度。

4. 系统动力学模型。经济系统的动力学模型可以动态地模拟经济发展趋势。系统动力学建模型不是建立纯数学符号的数学模型，而是借助于DYNAMO语言编写面向计算机的仿真程序，再借助于计算机的模拟技术定量地进行系统结构、功能与行为的模拟。模型可考虑短缺对国民经济的影响，还可以通过对比其他工程项目，分析其财力承受能力。在处理特大型建设项目时，以不同集资方式和不同投资时机，动态模拟国民经济发展状况，对比有无此项工程国民经济的状态，再分析判断国家财力对特大型建设项目的承受能力。

5. 动态系统计量模型。动态系统计量模型是专为长远模拟开发的一种模型。它按照一定的规则，把经济计量模型的构模思想和方法、系统动力学模型的构模思想和方法、优化搜索的技巧和控制思想组合为一体，使模型能够更加合理地反映系统的长期理性行为，描述系统的长期变化。

模型由主导结构、时变参数和决策结构的方程以及控制结构组成。模型可用来考察特大型建设项目对国民经济的长期影响（包括有利的影响和不利的影响）。

9　方案经济比选

9.1　方案经济比选的目的与用途

1. 方案经济比选是项目评价的重要内容。建设项目的投资决策以及项目可行性研究的过程是方案比选和择优的过程，在可行性研究和投资决策过程中，对涉及到的各决策要素和研究方面，都应从技术和经济相结合的角度进行多方案分析论证，比选优化，如产品或服务的数量、技术和设备选择、原材料供应、运输方式、厂（场）址选择、资金筹措等方面，根据比较的结果，结合其他因素进行决策。

2. 方案比选的类型。

1)方案之间存在着三种关系：互斥关系、独立关系和相关关系。

互斥关系，是指各个方案之间存在着互不相容、互相排斥的关系，在进行比选时，在各个备选方案中只能选择一个，其余的均必须放弃，不能同时存在。

独立关系，是指各个方案的现金流量是独立的不具相关性，其中任一方案的采用与否与其自己的可行性有关，而与其他方案是否采用没有关系。

相关关系，是指在各个方案之间，某一方案的采用与否会对其他方案的现金流量带来一定的影响，进而影响其他方案的采用或拒绝。

相关关系有正相关和负相关。当一个项目（方案）的执行虽然不排斥其他项目（方案），但可以使其效益减少，这时项目（方案）之间具有负相关关系，项目（方案）之间的比选可以转化为互斥关系。当一个项目（方案）的执行使其他项目（方案）的效益增加，这时项目（方案）之间具有正相关关系，项目（方案）之间的比选可以采用独立方案比选方法。

本章只介绍互斥关系和可转化为互斥关系的多方案比选。

2)局部比选和整体比选。按比选范围分，项目方案比选可分为局部比选和整体比选。整体比选是按各备选方案所含的因素（相同因素和不同因素）进行定量和定性的全面的对比；局部比选仅就所备选方案的不同因素或部分重要因素进行局部对比。

局部比选通常相对容易，操作简单，而且容易提高比选结果差异的显著性，如果备选方案在许多方面都有差异，采用局部比选的方法工作量大，而且每个局部比选结果之间出现交叉优势，其比选结果多样性，难以提供决策，这时应采用整体比选方法。

3)综合比选与专项比选。按目的分，项目方案比选可分为综合比选与专项比选。方案比选贯穿于可行性研究全过程中，一般项目方案比选是选择两个或三个备选方案进行整体的综合比选，从中选出最优方案作为推荐方案。在实际过程中，往往伴随着项目的具体情况，有必要进行局部的专项方案比选，如产品规模的确定、技术路线的选择、厂址比较等。

4)定性比选与定量比选。按内容分，项目方案可分为定性比选与定量比选。

定性分析较适合于方案比选的初级阶段，在一些比选因素较为直观且不复杂的情况下，定性分析简单易操作。如在厂址方案比选中，环保政策允许性等可能一票否决，没有必要比较下去，定性分析能满足比选要求。

在较为复杂系统方案比选工作中，一般先经过定性分析，如果直观很难判断各个方案的优劣，再通过定量分析，论证其经济效益的大小，据以判别方案的优劣。

有时，需要定性比选与定量比选相结合来判别方案的优劣。

9.3 方案比选定量分析方法的选择

1. 在项目无资金约束的条件下，一般采用净现值比较法、净年值比较法和差额投资内部收益率法。

2. 方案效益相同或基本相同时，可采用最小费用法，即费用现值比较法和费用年值法。

3. 关于设定折现率。折现率是建设项目经济评价中的重要参数，可以从两个角度考虑设定折现率：一是从具体项目投资决策的角度，设定折现率应反映投资者对资金时间价值的估计，作为投资项目决策的判据；二是从投资者投资计划整体优化的角度，设定折现率应有助于选择投资方向，作出使全部投资净收益最大化的投资决策。本章所涉及的是前者，在可行性研究阶段，作为具体投资项目（或方案）的决策判据。方案比选中，通常采用与财务分析或经济费用效益分析统一的折现率基准。

方案比选中通常使用设定的折现率。但在多方案的成本比较中，由于成本费用的节约，使得项目收益增加和风险减少，采用设定的折现率对不同年份的成本费用折算，可能会因使用的折现率过高而影响费用现值，因此，多方案比选时，应采用统一的折现率。

9.5 计算期不同的互斥方案的比选

计算期不同的互斥方案的比选，需要对各备选方案的计算期和计算公式进行适当的处理，使各方案在相同的条件下进行比较。

满足时间可比条件而进行处理的方法很多，常用的有年值法、最小公倍数法和研究期法等。

1. 年值法（AW）。年值法是通过分别计算各备选方案净现金流量的等额年值（AW）并进行比较的方法，以 $AW \geqslant 0$，且 AW 最大者为最优方案。

2. 最小公倍数法。又称方案重复法，是以各备选方案计算期的最小公倍数作为各方案的共同计算期，假设各个方案均在这样一个共同的计算期内重复进行，对各方案计算期内各年的净现金流量进行重复计算，直至与共同的计算期相等。以净现值较大的方案为优。

3. 研究期法。研究期法就是通过研究分析，直接选取一个适当的计算期作为各个方案共同的计算期，计算各个方案在该计算期内的净现值，以净现值较大的为优。在实际应用中，为方便起见，往往直接选取诸方案中最短的计算期作为各方案的共同计算期，所以研究期法也可以称为最小计算期法。方案比选指标的应用见表9.5。

表9.5　方案比较中经济评价指标的应用范围

指标 用途	净现值	内部收益率
方案比选（互斥方案选优）	无资金限制时，可选择 NPV 较大者	一般不直接用，可计算差额投资内部收益率（ΔIRR），当 $\Delta IRR \geqslant i_c$（i_s）时，以投资较大方案为优
项目排队（独立项目按优劣排序的最优组合）	不单独使用	一般不采用（可用于排除项目）

10　改扩建项目与并购项目经济评价特点

10.1　改扩建项目的范畴和特点

改建、扩建、技术改造、迁建、停产复建等项目都可以归入改扩建项目的范畴。

改扩建项目的目的在于增加产品供给，开发新型产品，调整产品结构，提高技术水平，降低资源消耗，节省运行费用、提高产品质量，改善劳动条件，治理生产环境等。项目的效益与其目的有关，有些效益可以用目的直接体现，有些效益要通过间接途径来表现。

10.2 改扩建项目通过既有法人融资并承担债务偿还，以“增量”投资（费用），使用一部分“存量”资产与资源，带来“总量”效益

10.3 分析改扩建项目要使用到五种数据

1. “有项目”（With Project），指既有企业进行投资活动后，在项目的经济寿命期内，在项目范围内可能发生的效益与费用流量。“有项目”的流量是时间序列的数据。

2. “无项目”（Without Project），指既有企业利用拟建项目范围内的部分或全部原有生产设施（资产），在项目计算期内可能发生的效益与费用流量。“无项目”的流量是时间序列的数据。

3. “增量”（Increment），是“有项目”的流量减“无项目”的流量，是时间序列的数据。“有项目”的投资减“无项目”的投资是增量投资；“有项目”的效益减“无项目”的效益是增量效益；“有项目”的费用减“无项目”的费用是增量费用。

4. “现状”数据是项目实施前的资产与资源、效益与费用数据，也称可称基本值（Baseline），是一个时点数。“现状”数据对于比较“项目前”（Before Project）与“项目后”（After Project）的效果有重要作用。现状数据也是预测“有项目”和“无项目”的基础。现状数据一般可用实施前一年的数据，当该年数据不具有代表性时，可选用有代表性年份的数据或近几年数据的平均值。其中，特别是对生产能力的估计，应慎重取值。

5. “新增”（Additional）数据是项目实施过程各时点“有项目”的流量与“现状”数据之差，也是时间序列的数据。新增建设投资包括建设投资和流动资金，还包括原有资产的改良支出、拆除、运输和重新安装费用。新增投资是改扩建项目筹措资金的依据。

“无项目”时的效益由“老产品”产生，费用是为“老产品”投入；“有项目”时的效益一般由“新产品”与“老产品”共同产生；“有项目”时的费用包含为“新产品”的投入与为“老产品”的投入。“老产品”的效益与费用在“有项目”与“无项目”时可能有较大差异。

10.4 项目范围的界定是改扩建项目经济评价中非常重要的一环

范围界定合适与否与项目的经济效益和评价的繁简程度有直接关系。

1. 对于“整体改扩建”的项目，项目范围包括整个既有企业，除要使用既

有企业的部分或全部原有资产、场地、设备，还要另外新投入一部分资金进行扩建或技术改造。企业的投资主体、融资主体、还债主体、经营主体是统一的，项目的范围就是企业的范围。“整体改扩建项目”不仅要识别和估算与项目直接有关的费用和效益，而且要识别和估算既有企业其余部分的费用和效益。

2. 对于“局部改扩建”项目，项目范围只包括既有企业的一部分，只使用既有企业的一部分原有资产、资源、场地、设备，加上新投入的资金，形成改扩建项目；企业的投资主体、融资主体与还债主体仍然是一致的，但可能与经营主体分离。整个企业只有一部分包含在项目“范围内”，还有相当一部分在“企业内”但属于项目“范围外”。

3. 在保证项目的费用与效益口径一致以及不影响分析结果的情况下，应尽可能缩小项目的范围，有可能的话，只包括与项目直接关联的财务费用与效益。在界定了项目的范围后，就应当正确识别与估算项目范围内、外的费用与效益。

10.5　改扩建项目在完成财务费用效益识别和估算以后，要进行融资分析、盈利能力分析、项目层次的偿债能力分析、企业层次偿债能力分析以及生存能力分析

1. 融资分析。改扩建项目的资金筹措是比较复杂的。从法律上来讲，项目的所有资金都来源于既有企业，因为项目要用的债务资金是以既有企业的名义去借的，项目的权益资金也全部来源于既有企业。既有企业的债务资金包括既有企业自身运行和发展需要的贷款，也包括为实施项目的贷款。银行在为项目贷款时，一方面考虑项目未来的现金流量，项目是否有可能盈利；另一方要考虑企业的信用与还款能力，而且后者的影响可能重于前者的影响。项目的权益资金由两个部分组成，一部分是既有企业资产（含固定资产和流动资产），如既有企业的土地或现金盈余；另一部分是既有企业定向募集的股本，这部分股本对于既有企业和项目来说都是增量股本。

2. 盈利能力分析。项目经济评价的基本原则是利用时间价值的原理，通过比较“有项目”与“无项目”的净现金流，求出增量净现金流，并依此计算内部收益率，考查项目实施的效果。由于既有企业不实施改扩建项目的“无项目”数据是固有的且是非零的，在进行既有企业改扩建项目的盈利能力分析时，要将“有项目”的现金流量减去“无项目”的现金流量，得出“增量”现金流量，依“增量”现金流量判别项目的盈利能力。“增量”现金流量包括“增量权益资金”、“增量借贷资金”、“增量营业收入”、“增量补贴收入”、“增量经营成

本”、“增量所得税”等。既有企业改扩建项目的盈利能力分析是“增量分析”的最好体现。

3. 偿债能力。从法律上讲，改扩建项目是由既有企业出面向银行借款，当然还款的财务主体是既有企业，也就只应考虑既有企业的偿债能力。然而，既有企业借款是为了项目，不管项目将来是否独立核算，都应当考察项目本身的还款能力，这是企业财务管理本身的需要。因此，改扩建项目的偿债能力分析宜进行两个层次的分析：

1)项目层次的偿债能力分析，编制借款还本付息计划表并分析拟建项目“有项目”时的收益偿还新增债务的能力，计算利息备付率和偿债备付率，考察还款资金来源（折旧、摊销、利润）是否能按期足额偿还借款利息和本金，若还款资金来源足以还款或倘有节余，表明项目自身的还款能力强；若项目自身的还款资金来源不足，应由既有企业动用自有资金补足，或采用其他方式还款。计算得到的项目偿债能力指标可以表示项目用自身的各项收益抵偿债务的能力，显示项目对企业整体财务状况的影响。虽然债务偿还是企业行为，但项目层次偿债能力指标可以给企业法人和银行重要的提示：即项目本身收益是否可能完全偿还债务，是否会因此增加企业法人的债务负担。若项目范围内“无项目”时倘有借款（整体改扩建），应用“有项目”的整体收益一并偿还，需要编制“有项目”的借款还本付息计划表，包括新增借款和原有借款。

2)企业层次的借款偿还能力。项目决策人（既有企业）要根据企业的经营与债务情况，在计入项目借贷及还款计划后，估算既有企业总体的偿债能力。银行等金融部门在做贷款决定之前，往往要了解现有企业财务状况，尤其是企业的债务情况（含原有贷款、其他拟建项目贷款和项目新增贷款），考虑企业的综合偿债能力，企业应根据债权人的要求提供相应的资料。在项目产出与企业产出相同或相近时，企业的资金成本与项目的资金成本相同；在项目资金投向其他行业时，项目的资金成本与其他行业的投资风险或投资机会成本相近。

3)在项目范围与企业范围一致时（整体改扩建），“有项目”数据与报表都与企业一致，可直接利用企业财务报表进行借款偿还计算、资金平衡分析和资产负债分析。

在改扩建项目范围与企业范围不一致时（局部改扩建），偿债能力分析就有可能出现项目和企业两个层次。

在直接用增量进行简化时，仅有项目一个层次，同时应结合企业现行财务状况进行分析。

对于一些信誉好的公司，或者银行已通过信用评级，并授以一定的授信额度的公司，这些公司的贷款项目一般只需进行项目层次的偿债能力分析。

对于财务状况良好的大公司进行建设的小项目，一般也只需进行项目层次的偿债能力分析。

4. 生存能力。改扩建项目只进行“有项目”状态的生存能力分析，分析的内容同一般新建项目。

5. 与迁建同时进行的改扩建和在停产基础上复建、改扩建的项目，当产权不变时，要考察生存能力和总量指标；清偿能力分析有时还要考虑改建前的负债情况。当产权变化时，其经济评价应视同新建项目，原有资产按评估价值计为投入费用。

10.6 改扩建项目经济评价要考虑项目对企业经济效益的影响

改扩建项目是实现既有企业总体战略目标的手段，其目的是通过实施项目，提高既有企业总体经济效益。企业总体经济效益可表现在多个方面。对于有直接财务收益的改扩建项目，项目的增量收入或减少亏损一定会增加既有企业的经济效益；对于环境治理与保护的项目，既有企业不能得到直接的财务收益，但是可能减少排污费，进而节约了生产成本，减少社会为治理污染发生的费用，从而节约了经济费用，最终提高了既有企业的财务与经济效率。改扩建项目对既有企业的生产活动可能还有“乘数效应”，或对既有企业上下游产业链条有带动作用。

分析项目对既有企业经济效益的影响，在财务上主要看营业收入和利润总额的影响，这两个指标比较直观，计算也比较简单。由于有分配的影响，税后利润一般不作为考核指标，净现金流量由于受到既有企业本身现金流量的影响，也不作为考核指标。对于整体改扩建项目，有条件时也可以作财务或经济净现金流分析。

10.8 改扩建项目经济评价与投资决策

改扩建项目的投资决策要考虑项目与既有企业两方面的因素。首先考虑项目级的因素：能否在预定时间内收回投资？有无盈利能力？如果能盈利，盈利水平是否达到预期的水平？项目是否有能力偿还与项目有关的债务？如果项目自身还款资金不足，需要既有企业支持多少资金？什么时候支持？项目财务持续能力如何？项目的经济合理性是否有保障？资源配置是否合理？

如果说，考虑项目层次的因素是改扩建项目投资决策的“必要条件”，那么项目给既有企业带来的实惠是改扩建项目投资决策的“充分条件”，这就是先做项目分析，然后求出“有项目”与“现状”之差，即“新增”数值。“新增”数值就是项目给企业带来的“实惠”。有些项目，如环境治理或保护项目，本身可能无收益，也不可能靠项目自身的能力偿还借款，但是，污染减少节省了成本，能使企业整体效益提高，为既有企业实现战略目标创造了有利条件。所以，既有企业绩效指标的改善程度也是改扩建项目投资决策重要的因素。

10.9　改扩建项目经济评价的简化处理

改扩建项目一般要用到“有项目”、“无项目”、“现状”、“新增”和“增量”数据，增大了数据预测的工作量；在企业规模比较大时，有些必要的企业数据比较难于获得，或即使得到了可靠性也比较差；还款主体与经营主体异位，一般要进行项目层次与企业层次的分析。因此，改扩建项目经济评价比较复杂，在项目评价的实践中，往往简化处理按新建项目进行评价。

1. 项目与既有企业的生产经营活动相对独立。在这种情况下，项目的边界比较清楚，可以进行独立经济核算，项目的费用与效益比较好识别，现金流入与流出比较好测度，符合新建项目评价的基本条件，可简化处理。

2. 以增加产出为目的的项目，增量产出占既有企业产出比例较小。在这种情况下，既有企业产出规模大，项目的增量产出不会对既有企业现金流量产生较大影响，项目实际上也相对独立，可以简化成新建项目处理。

3. 利用既有企业的固定资产量与新增量相比较小。被使用的既有企业的固定资产量小，意味着“有项目”情况下现金流入与流出基本不受既有企业的影响，新增投资是项目建设期内主要的现金流出，项目其他现金流入和流出也是总现金流的主要组成部分，所以可以简化处理，使用新建项目的评价过程。

4. 效益和费用的增量流量较容易确定。“有无对比”是项目评价的根本原则，对比的结果是求出增量现金流量，增量现金流量可直接用于项目（含新建项目）的盈利能力分析。新建项目实际是改扩建项目的特例，“无项目”的净现金流量为零，也不利用既有企业的任何资产，增量现金流量可以视作“无项目”的流量为零时“有项目”的现金流量。

5. 对于可以进行简化处理的项目，一定要阐明简化处理的理由，不能直接用新建项目的做法进行估算和分析。

10.11 改扩建项目经济评价应注意的几个问题

1. 计算期的可比性。根据“费用与效益口径一致”的原则，既有企业改扩建项目经济评价的计算期一般取“有项目”情况下的计算期。如果“无项目”的计算期短于“有项目”的计算期，可以通过追加投资（局部更新或全部更新）来维持“无项目”的计算期，延长其寿命期至“有项目”的结束期，并于计算期末回收资产余值；若在经济或技术上延长寿命不可行，则适时终止“无项目”的计算期，其后各期现金流量计为零。

2. 原有资产利用的问题。既有企业改扩建项目范围内的原有资产可分为：“可利用的”与“不可利用的”两个部分。“有项目”时原有资产无论利用与否，均与新增投资一起计入投资费用。“可利用”的资产要按其净值提取折旧与修理费。“不可利用”的资产如果变卖，其价值按变卖时间和变现价值计作现金流入（新增投资资金来源），不能冲减新增投资。如果“不可利用的”资产不变现或报废，就仍然是资产的一部分，但是计算项目的折旧时不予考虑。

3. 停产减产损失。改扩建项目的改建活动与生产活动总是同时进行，但一般总会造成部分生产停止或减产。这一部分停产减产损失的直接结果是减少“老产品”的营业收入，同时也会减少相应的生产费用。这些流量的变化均应在销售收入表和生产成本表中有所体现，最终反映在现金流量表中，因此不必单独估算。

4. 沉没成本处理。沉没成本是既有企业过去投资决策发生的、非现在决策能改变（或不受现在决策影响）、已经计入过去投资费用回收计划的费用。如前期工程为后期工程预留的场地与设备，均为前期工程的沉没成本，不计入后期投资决策费用。沉没成本是“有项目”和“无项目”都存在的成本，对于实现项目的效益不会增加额外的费用。对于项目是否应当实施的决策来说，沉没成本不应当包括在项目增量费用之中。改扩建项目的经济效果不取决于项目开始前已经支出多少费用，而仅仅取决于在改扩建过程中新投入的费用。改扩建项目的效益也只能是超出原有项目效益之上的部分。对沉没成本的这种处理办法可能导致项目的内部收益率很高，但这恰恰反映了当前决策的性质。如果为了弄清原来投资决策是否合理，可以计算整个项目（有项目状态）（包括已经建成和计划实施的项目）的收益率，这时就应把沉没成本计算在内。

5. 机会成本。如果项目利用的现有资产，有明确的其他用途（出售、出租或有明确的使用效益），那么将资产用于该用途能为企业带来的收益被看作项目使用该资产的机会成本，也是无项目时的收入，按照有无对比识别效益和费用的原则，应该将其作为无项目时的现金流入。

10.12 并购项目的特点

1. 并购项目包括兼并和收购。兼并是指一个企业采取各种形式有偿接收其他企业的产权，使被兼并方丧失法人资格或改变法人实体的经济行为。企业兼并的形式主要有：承担债务式兼并、购买式兼并、吸收股份式兼并、控股式兼并。收购是指一个企业通过购买公司股份而使公司经营决策权易手的行为，包括企业收购和股权收购。

2. 并购的目的在于取得管理、经营、财务协同效应，降低经营成本，或获得特殊资源，提高市场竞争力。

10.13 并购项目的评价内容

并购项目评价的主要内容包括：目标企业所处行业地位与竞争对手，行业发展趋势，市场格局与前景；企业经营管理现状分析、资产与债务结构、盈利能力与管理水平、发展前景预测；测算并购成本，预测并购效益，判断并购企业价值；提出并购决策建议等。

10.15 并购成本

并购成本包括收购价格、咨询费、律师费、佣金等，以及收购后对企业的改造、改组、人员安置与遣散费用等

10.16 并购企业价值评估

并购项目评价的核心内容之一是并购企业价值评估，这是决定并购企业股权转让价格的关键。企业价值是公司所有的投资人对于公司资产要求权价值的总和，企业价值可分为三个层次，即企业的基础价值、内在价值和战略价值。

基础价值（Basic Value），即净资产价值，是目标企业转让的价格下限；内在价值（Internal Value），是目标企业在持续经营的情况下可能创造出的预期的现金流量价值，是目标企业的动态价值；战略价值（Strategic Value）是指并购完成后，经过总体重组与协同，使得外部交易内部化、生产要素重新组合、市场份额进一步扩展、消除或减轻竞争压力、绕过各种限制或贸易壁垒、规避各种风险和税收、提高垄断地位、拓展新的利润增长点，从而取得的规模经济

效益。

确定合理的并购价格区间时，需要综合考虑企业的三种价值。并购价格估算方法包括收益现值法、财务比率法、账面价值调整法等，每种方法都有其适用条件。虽然并购价格最终取决于市场，但并购价格的估算为企业并购谈判提供了一个价格基础。

1. 收益现值法是将拟投资企业的未来收益换算成现值的各种评估方法的总称。从投资人、企业的定义来看，收益现值法是评估企业价值的一条最直接、最有效的方法。企业价值的高低主要取决于其未来的获利能力，而不是现实存量资产的多少。

收益现值法是从目标企业未来收益的角度，在企业“持续经营”的假定前提下，将目标企业未来预测的现金流量进行贴现，计算目标企业的价值，并以此为基础确定测算目标企业的最高收购价格。采用收益现值法估算目标企业价值的收购价格，可由下式计算：

$$MAP = \sum_{t=1}^{n} \frac{CF_t}{(1+k)^t} + \frac{CF_{n+1}/(k-g)}{(1+k)^n} - L \qquad (10.16)$$

式中 MAP——应付兼并方的最高购买价格；

k——被兼并企业的加权平均资本成本；

n——被兼并企业预期成长的计算时间；

CF_t——被兼并企业在兼并后第 t 期所有资本产生的税后净现金流量。

CF_t的计算公式为：

CF_t = 经营利润 ×（1 – 所得税率）+ 折旧和其他非现金支出 –（增量营运资金和固定资产等支出）。

g——被兼并企业第 t 年后的 CF_t 成长率；

L——被兼并企业负债的市场价值。

2. 账面价值调整法或重置成本法，其评估思路是从企业重建的角度，即在评估点时企业的投入成本之和，或在造一个与被评估企业完全相同的企业所需的投资，并把这个投资额作为被评估的企业价值。

企业账面价值等于企业资产减去企业负债，但由于不能反映通货膨胀、技术贬值和企业组织资本等，基于历史成本记录形成的账面价值很有可能不等于其市场价值。因此需要对账面价值进行调整。

账面价值调整法是从资产成本的角度，以目标企业的资产净值为基础估算确定收购价格，即按照财务报表中的资产净值，采用经过注册会计师审计调整后的资产账面价值进行估算。它是目标企业价值评价估算的基本依据。

账面价值调整的方法通常有重置成本法和资产变现法。

企业价值 = 调整后的总资产 - 调整后的总负债

账面价值法通常只应用在企业破产清算或资产出售时的价值评估，对企业整体的出售，特别是对高科技企业和服务类企业尤其不适用，因为这些企业的组织资本产生了大量价值。

3. 市场比较法是通过把被评估企业与类似的上市公司或已交易的非上市公司的市盈率（或市净率）作为倍数，乘以被评估企业的当期收益（或净资产），从而计算出企业的市场价值。运用市场比较法需要有高度发达的证券市场为前提，要有足够多的上市公司做备选参照物。

在实际使用市场比较法来评估目标企业的价值时，一般可选定 5 ~ 10 家与目标企业类似的上市公司或已交易的非上市公司，分别求"每股净利润"、"每股息税前利润"加权平均值，再将其股价与两个加权平均值相比，所得的两个比值再分别乘上目标企业的"每股净利润"及"每股息税前利润"即可得出两个股价，作为估算目标企业价值的"上下"限范围。

4. 上述方法中，理想的方法是收益现值法，最简便的方法是比较法。但是，在我国企业并购、股份制改制的估值中，广泛采用的却是重置成本法。原因在于：

1) 根据中国资产评估协会的专业操作标准规定，企业整体评估一般要求采用成本法，收益法是作为验证法。

2) 我国国有企业资产盘子大，非经营性资产占相当大比例，由于国有企业的法人缺位，运用收益法很容易造成国有资产流失。

3) 我国传统企业效益低下，采用收益现值法缺乏市场基础。

4) 我国的市场机制不完善，企业经营受政府宏观调控的影响大，且法制不健全，未来收益不可控因素多，难以估算未来收益。

10.17 并购项目效益评价

并购效益评价包括企业自身的效益和由于并购带来的企业整体协同效应。前者包括资本经营效益、经济增加值、市场增加值三个方面，后者包括财务协同效应和经营协同效应。

1. 资本经营效益，评价指标包括投资回报率、总资产收益率等，主要反映并购后的当期经营效益。将目标公司并购后的资本经营效益与并购前进行比较，从而衡量并购对目标公司所产生的绩效增长。

2. 市场增加值。收购后目标企业的市场价值与收购前的市场价值的比较，其差额为市场增加值。

3. 经济增加值（EVA）。收购企业将投资于目标企业的资本变现的收益与资本的机会成本进行比较，两者的差额就是企业的增值收益。

$$EVA = (ROC - k) \times \text{现有资产的账面价值}$$
$$= EBIT(1 - \text{税率}) - k \times \text{现有资产的账面价值} \quad (10.17)$$

式中 ROC = 资本收益率 = $EBIT \times (1 - \text{税率})$/现有资产的账面价值；

$EBIT$——息税前利润；

K——加权平均的资金成本。

4. 协同效应。包括财务协同效应和经营协同效应。

财务协同效应。财务协同效应包括通过业务多样化来降低经营风险，或是收购一家资金短缺但有投资机会的公司获得的商业机会，或是收购一家享受税收优惠企业带来的税收节余等。

经营协同效应。由于目标企业控制着某种关键资源、技能或能力，如果与收购企业资源结合，将产生更大的价值。当处于同一业务领域的两家企业发生水平并购时，由于生产规模提高、成本降低，边际利润水平提高；当收购原材料供应商或产品的分销商或零售商时，协调效应来自对价值链的更完整控制。

利用有无对比和现金流量分析方法，评估经营协同效应。首先，分别评估收购公司和目标企业的价值，根据各企业的现金流计算现值，汇总得到并购前的企业价值；其次，考虑并购完成后企业预期增长率或成本的下降，重新评估企业价值；第三，将“有并购”的企业价值减去“无并购”的公司价值，得到并购协同效应的价值。

汉英对照经济评价基本术语

备择方案（Alternative Option）
备选方案（Option）
备选方案价值（Option Value）
备选方案评估（Option Appraisal）
标准换算系数（Standard Conversion Factor，SCF）
补贴（Subsidy）
不变价格（Constant Price）
不可外贸货物（Non – Tradable Goods）

财务补贴（Financial Subsidy）
财务分析（financial Analysis）
财务价格（Financial Price）
财务净现值（Financial Net Present Value，FNPV）
财务可持续性（Financial Sustainability）
财务内部收益率（Financial Internal Rate of Return，FIRR）
财务效益（Financial Benefit）
财务效益费用分析（Financial Benefit – Cost Analysis）
残值（Residual Value）
偿债备付率（Debt Service Coverage Ratio，DSCR）
陈述偏好（Stated Preference）
成本回收（Cost Recovery）
成本有效性分析（Cost Effectiveness Analysis）
出口平价（Export Parity Price）

到岸价格（Cost，Insurance & Freight，C. I. F.）
等价年度费用（Equivalent Annual Cost）

非外贸产出和投入（Non－Traded Output and Input）
非外贸货物（Non－Traded Goods）
费用效果比（Cost Effectiveness Ratio）
费用效果分析（Cost Effectiveness Analysis，CEA）
费用效益分析（Cost Benefit Analysis，CBA）
分配分析（Distribution Analysis）
风险分析（Risk Analysis）
福利费用（Welfare Cost）
福利效益（Welfare Benefit）

公共产品（Public Goods）
供给价（Supply Price）
官方汇率（Official Exchange Rate，OER）
规模经济（Economies of Scale）
国民收入平减指数（GDP Deflator）

耗减补偿（Depletion Premium）
核算单位（Unit of Account）
环境估价（Environment Valuation）
环境可持续性（Environment Sustainability）
环境卫生（Environment Sanitation）
换算系数（Conversion Factor）
汇率溢价（Foreign Exchange Premium）
或有估价法（Contingent Valuation Method，CVM）
货币的时间价值（Time Value of Money）

机会成本（Opportunity Cost）
基准收益率（Hurdle Cut－Off Rate）
计算单位（Numeraire）
加权平均资金成本（Weighted Average Cost of Capital，WACC）
价格扭曲（Price Distortion）
价格指数（Price Index）

交叉补贴（Cross－Subsidization）
交易费（Transaction Costs）
接受补偿意愿（Willingness To Accept，WTA）
进口平价（Import Parity Price）
经济补贴（Economic Subsidy）
经济费用（Economic Cost）
经济分析（Economic Analysis）
经济规模（Economies Scale）
经济价格（Economic Price）
经济净现值（Economic Net Present Value，ENPV）
经济内部收益率（Economic Internal Rate of Return，EIRR）
经济评估（Economic Appraisal）
经济生存能力（Economic Viability）
经济寿命（Economic Life）
经济效率（Economic Efficiency）
经济效益（Economic Benefit）
经济资源（Economic Resource）
净现值（Net Present Value，NPV）
矩阵方法（Matrix Approach）

口岸价（Border Price）

劳动力机会成本（Opportunity Cost of Labor）
离岸价格（Free on Board，F. O. B.）
利息备付率（Interest Coverage Ratio，ICR）
临界点（也称转换值）（Switch Value）

敏感性分析（Sensitivity Analysis）
敏感性指标（Sensitivity indicator）
名义价格（Nominal Prices）

内部收益率（Internal Rate of Return，IRR）

年金化值（Annuities Value）

平均增量财务费用（Average Incremental Financial Cost，AIFC）
平均增量成本（Average Incremental Cost，AIC）
平均增量经济费用（Average Incremental Economic Cost，AIEC）
评估（Appraisal）
评价（Evaluation）

权益资金（Equity）

人力资本法（Human Capital Method）
融资主体（Financing Entity）

时价（Current Price）
时间偏好率（Time Preference Rate）
实际汇率（Real Exchange Rate）
实际价格（Real Prices）
实际价值（Real Value）
实物量（Volume Terms）
使用价值（Use Value）
世界价格（World Price）

私人融资（Private Financing）

替代（Substitution）
通货膨胀率（Inflation Rate）
土地的机会成本（Opportunity Cost of Land）

外部效果（也称外部性）（Externalities）
外贸货物（Traded Goods）
外贸投入和产出（Trade Input and Output）
无项目（Without－Project）

无形的（Intangible）

息税前利润（Earnings Before Interest and Tax，EBIT）
显示偏好（Revealed Preference）
现存价值（Existence Value）
现金流出（量）（Cash Outflow，CO）
现金流（量）（Cash Flow，CF）
现金流入（量）（Cash Inflow，CI）
现值（Present Value，PV）
相对价格作用（Relative Price effect）
项目备选方案（Project Option）
项目框架（Project Rramework）
项目周期（Project Cycle）
消费者剩余（Consumer Surplus）
效果费用比（Effectiveness Cost Ratio）
需求价格（Demand Price）
需求曲线（Demand Curve）

要求回报率（Required Rate of Return，RRR）
意愿调查评估法（Contingent Valuation）
隐含价值法（Hedonic Method）
盈亏平衡点（Break－Even Point）
影响陈述（Impact Statement）
影子工资率（Shadow Wage Rate，SWR）
影子工资系数（Shadow Wage Rate Factor，SWRF）
影子汇率（Shadow Exchange Rate）
影子汇率系数（Shadow Exchange Rate Factor，SERF）
影子价格（Shadow Price）
有项目（With－Project）
预备费（Contingency Allowance in an Estimate）
预备费（Contingency）

增量产出（Incremental Output）
增量投入（Incremental Input）
增量效益（Incremental Benefit）
债务资金（Debt）
折旧（Depreciation）
折现（Discounting）
折现率（Discount Rate）
支付能力（Ability - To - Pay，ATP）
支付意愿（Willingness To PAY，WTP）
终值（Final Value，FV）
转移支付（Transfer Payment）
准股本资金（Quasi - Equity）
资本化价值（Capitalized Value）
资本金（Equity）
资本金净利润率（Return On Equity，ROE）
资产负债率（Liability On Asset Ratio，LOAR）
资金成本（Capital Cost）
资金的财务机会成本（Financial Opportunity Cost of Capital，FOCC）
资金的经济机会成本（Economic Opportunity Cost of Capital，EOCC）
资源成本（Resource Cost）
总投资收益率（Return On Investment，ROI）
最低可接受收益率（Minimum Acceptable Rate of Return，MARR）

“建设项目经济评价参数”编写说明

1 总　　则

1.1 制定《建设项目经济评价参数》的目的

建设项目决策需要经过技术、经济、环境、社会等多方面的分析论证，需要大量数据的支持，科学、合理、可用的参数是建设项目经济评价过程中不可缺少的工具之一。

在我国社会主义市场经济条件下，建设项目经济评价参数既要为政府投资项目的决策服务，也要为社会其他各类投资主体的决策服务。

国家有关行政主管部门组织测定并发布建设项目经济评价参数。这样做有利于促进社会资源的合理配置，有利于实现政府利用信息引导经济，有利于社会信息资源的共享，有利于充分利用各行业专家资源，有利于避免参数测算中的盲目、主观、片面、局部、狭隘、短视、静止等弊端。

1.2 建设项目经济评价参数的定义、基本组成、基本用途

建设项目经济评价参数由两部分构成，一部分是项目的费用与效益计算过程中所使用的各类基础数据，如各类价格指数、各种费率利率等；另一部分是用于反映、判断和比较项目效益水平的各种评价指标的基准值和参考值，如财务基准收益率、总投资收益率、资产负债率、利息备付率、偿债备付率等。

1.3 建设项目经济评价参数的适用范围

建设项目经济评价参数适用于各类建设项目各阶段费用与效益的计算、分析与评价。

参数的本质是在对历史数据、现实情况加以分析的基础上，对未来发展所做的预测与判断，其目的是为了满足建设项目在一定时期内的分析、比较、判断、决策的需要。

参数在测定过程中采取了多种测算方法，采用了来自多种渠道的基础数据，最终形成的参数是多种因素综合作用的结果。通常情况下，项目经济评价参数与经济活动中的市场实时价格、汇率、利率等是有差别的，因此不能作为财政核算、实际税收计征、外汇结算、商品交易与结算的依据。

1.4 建设项目经济评价参数的分类

按照使用范围分类：财务评价参数用于建设项目财务评价，按现行的财会制度、税收规定和项目财务评价的报表、指标等进行分析计算与评价；国民经济评价参数用于建设项目国民经济评价，按《建设项目经济评价方法》与《建设项目经济评价参数》的规定和项目经济评价报表、指标进行分析计算与评价。

按照使用功能分类：计算参数用于项目费用与效益的计算，包括在计算过程中需要选择使用的各种基础数据，以及有关方面规定的用于建设项目经济评价的各种数值；判据参数用于比较项目优劣和判定项目取舍，包括项目评价过程中一系列评价指标的基准值和参考值。

1.5 建设项目经济评价参数的测定依据

建设项目经济评价参数的确定，特别是判据参数的确定受社会、经济、文化等多方面因素的影响，在测定过程中要对这些影响因素和制约条件进行系统、动态、综合的分析判断，结合项目的具体目标与实际情况确定。

国家发展战略与规划、经济状况、资源供求情况等是测定参数时重点应考虑的依据，而市场供求状况、行业特点、筹资成本等是构成项目风险的主要因素，在测定参数时应进行全面的分析与论证。

1.6 建设项目经济评价参数的测定与选用原则

建设项目评价结论是在大量计算分析的基础上得出的，结论正确与否直接影响项目决策，而在评价中采用的参数是否合理、准确，决定了评价结论的正确与否，因此必须重视项目评价采用参数的质量。

参数的测定与选用应注意同期性，即不同种类参数均使用同一时段的数据，以保证计算结论的合理性与可比性。

参数的测定与选用应注意有效性，即要求使用在有效期内的参数。每个参数均有其自身的有效期，都需要适时进行调整，使用过期的参数不能得出合理的评价结论，而且可能对项目决策者产生误导。

参数的测定与选用应坚持谨慎性和准确性原则。建设项目经济评价工作需要在大量预测的基础上进行，存在各种不确定性，在不能准确估计项目效益时宁可低估效益，而在不能准确估计项目成本时宁可高估成本。

本参数条文中强调“建设项目经济评价重在对事实与数据的分析”。建设项目经济评价需要评价人员依据知识、经验、能力，对掌握的数据信息进行大量的分析、计算与判断。国家主管部门或行业提供的有关参数为项目经济评价提供了便利的比较条件，但项目之间千差万别，对参数不能简单套用，而是要在充分分析论证的基础上，根据项目的具体情况合理选定相应参数。

1.7　建设项目经济评价参数的时效性

社会经济状况处于不断的发展变化中，不同时期的参数反映不同时期的社会经济状况，因此参数在使用过程中一定要注意其时效性。综合考虑我国目前参数使用与测算两方面的基本情况，最终确定通常参数的测算发布周期为一年。进而提醒社会有关方面每年都有必要进行参数的适应性检查，借助参数定期更新的机会，落实国家及行业规划，落实国家有关政策。

2　财务评价参数

2.1　建设项目财务评价参数的用途和分类

财务评价中的计算参数主要用于计算项目财务费用和效益，具体包括建设期价格上涨指数、各种取费系数或比率、税率、利率等。

多数计算参数具有鲜明的行业特点，可在有关行业实施细则中查阅。计算参数粗略归纳见表2.1－1～表2.1－7。

表 2.1－1　财务评价计算参数表

名　　称	说　　明
计算期	略
单位建设投资	略
流动资金估算的有关参数	见表 2.2
资产折旧的有关参数	见表 2.3
总成本费用估算的有关参数	见表 2.4
税率	见表 2.5
利率	见表 2.6
人民币对主要外汇汇率	见表 2.7
国内市场各类价格指数	可查阅全国及各地区《统计年鉴》

表 2.1－2　流动资金估算的有关参数

名　　称	单　位	备　　注
分项详细估算法		建议查阅行业实施细则
应收账款年周转次数	次	
存货年周转次数	次	
现金年周转次数	次	
应付账款年周转次数	次	
扩大指标估算法		
按经营成本计	%	
按销售收入计	%	
按建设投资计	%	
其他	%	

表 2.1－3　资产折旧的有关参数

名　称	单　位	取　值	备　注
综合折旧法			
折旧年限	年		建议查阅行业实施细则
折旧率	%		
净残值率	%		
分类折旧法			仅供参考
折旧年限	年		
1. 通用设备部分			
机械设备		10～14	
动力设备		11～18	
传导设备		15～28	
运输设备		6～12	
自动化控制及仪器仪表			
自动化、半自动化设备		8～12	
电子计算机		4～10	
通用测试仪器设备		7～12	
工业炉窑		7～13	
工具及其他生产用具		9～14	
非生产用设备及器具、设备工具		18～22	
电视机、复印机、文字处理机		5～8	
2. 房屋、建筑物部分			
房屋			
生产用房		30～40	
受腐蚀生产用房		20～25	
受强腐蚀生产用房		10～15	
非生产用房		35～45	
简易房		8～10	
建筑物			
水电站大坝		45～55	
其他建筑物		15～25	

表2.1－4　总成本费用估算的有关参数

名　　称	单　位	备　　注
要素成本法		建议查阅行业实施细则
修理费率	%	
其他费用率	%	
制造成本法		
估算其他制造费		
按其占制造成本的比例	%	
按其占固定资产原值的比例	%	
按其占管理人员工资及福利的比例	%	
按单位产量估算	元/单位产量	
其他		
估算其他管理费		
按其占全员工资及福利的比例	%	
按其占管理人员工资及福利的比例	%	
按单位产量估算	元/单位产量	
其他		
估算其他销售费		
按其占销售收入的比例	%	
其他		

表2.1－5　税 率 表

名　　称	单　位	取　值	备　　注
增值税率	%	略	建议查阅有关税务文件或行业实施细则
营业税率	%		
消费税率	%		
资源税率	%		
所得税率	%		
进出口关税税率	%		
土地使用税税率	%		

表 2.1－6　利 率 表

名　称	存　款	贷　款	备　注
活期利率	略	略	不同银行之间利率略有差别，请自行查阅
定期利率			
三月期			
一年期			
三年期			
五年期			
外汇贷款利率			
伦敦国际银行间拆借利率			
国际金融组织贷款利率			

表 2.1－7　人民币对主要外汇汇率表

货币名称	单位	现汇买入价	现汇卖出价	备　注
澳元（AUD）	100	593.08	597.84	
英镑（GBP）	100	1466.88	1481.62	①表中数字为 2006 年 7 月 3 日外汇牌价 ②买卖价格随时变化，请自行查阅当期汇率
加元（CAD）	100	714.10	719.82	
欧元（EUR）	100	1016.60	1026.80	
港币（HKD）	100	102.76	103.16	
日元（JPY）	100	6.94	7.01	
新加坡元（SGD）	100	502.95	506.97	
美元（USD）	100	798.11	801.29	

财务评价中的判据参数主要用于判断项目财务效益高低，比较和筛选项目，判断项目的财务可行性，具体包括行业财务基准收益率、总投资收益率、资本金净利润率、利息备付率、偿债备付率等。有些判据参数表现为单一数值，有些表现为一段合理区间，使用时应根据投资者的期望和项目特点灵活掌握。

2.2　参数的使用

国家行政主管部门统一测定、发布的行业财务基准收益率具有双重作用。对于政府投资项目来说它是规定性的，是必须采用的；对于社会其他各类投资项目来说它是参考性的。

除了政府投资项目中作为规定性参数使用的行业基准收益率以外，在财务评价中使用的其他判据参数均是参考性质的，项目评价人员可根据具体情况选用，也可自主测算确定。

2.3 财务评价判据参数

项目盈利能力判据参数中，财务内部收益率是动态指标，给出的是基准值；而总投资收益率、资本金净利润率是静态指标，给出的是参考值。

项目偿债能力判据参数中，因为各类项目的情况不同，项目实施的法人情况不同，各金融机构对贷款人的要求不同，各行业的行业特点不同，因此利息备付率、偿债备付率、资产负债率等指标的取值在一般情况下是不一致的，给出的均为参考值。

2.4 财务基准收益率的定义和作用

项目的费用与效益在进行货币化度量过程中，作为项目财务内部收益率基准值的财务基准收益率，是项目财务可行性和方案比选的主要判据，在本质上体现了投资者对资金时间价值的判断和对项目风险程度的估计。

不同的投资者对于同一项目的判断不尽相同，所处行业、项目具体特点、筹资成本差异、对待风险的态度、对收益水平的预期等诸多因素，决定了投资者必须自主确定其在相应项目上最低可接受的财务收益率。政府作为一类特殊的投资者，它的财务基准收益率由国家规定。

2.5 财务基准收益率的测定原则

《国务院关于投资体制改革的决定》确定了“谁投资、谁决策、谁收益、谁承担风险”的基本原则，本次项目财务评价参数的分类、测定、使用充分贯彻和体现了这一基本原则。

财务基准收益率测定的基本思路是：对于产出物由政府定价的项目，其财务基准收益率根据政府政策导向确定；对于产出物由市场定价的项目，其财务基准收益率根据资金成本和风险收益由投资者自行确定。

1. 政府作为一类特殊的投资者，其特定职能决定了政府投资不能只关注经济效益，因此，有关方面根据政府的投资目标和预期收益，在政府政策导向的基础上，确定了部分行业的财务基准收益率，以全投资（融资前）税前指标的形式提出来，并要求政府投资项目在财务评价中将其作为规定性参数使用。

根据政府政策导向确定行业财务基准收益率，是针对我国现阶段和今后相当长时期内存在的基本情况提出的，是政府投资决策与管理的需要。考察世界各国的政府投资制度，可以看到政府投资并非不可以盈利，但是对于那些急需考虑公众承受能力的行业而言，为了兼顾投资效率与社会公平，行业财务基准收益率应是政府投资收益水平的上限；对于竞争性行业而言，行业财务基准收益率是政府投资收益水平的下限。

在实施市场准入、价格管制、特许经营的行业，以及由政府投资的非盈利性公益事业，如供水、供电、供暖、供气、城市轨道交通、国有铁路、机场、港口、通信骨干网、邮政、固定电话、收费公路、桥梁、隧道、城市排水管网、核电站、风力发电、污水处理、垃圾处理、输电网等，这类细分行业的财务基准收益率的确定不仅是项目收益水平的问题，还涉及到公众承受能力、宏观经济效果、资金投向、利益均衡、政府目标的实现，同时也反映了国家与行业或大型企业在权益、利益方面的协调，因此，对于这些细分行业的项目，应当考虑社会相关利益群体，兼顾效率与公平、局部与整体、当前与未来、受益群体与受损群体，依据社会发展、公平、稳定等政府政策目标和行业特性，决定其行业基准收益率的取值。在以政府政策导向确定行业财务基准收益率具体取值时，应从社会资本无风险收益率出发，根据上述应考虑的因素，在无风险收益率基础上加上一定的附加收益，确定相应的基准收益率。

2. 政府以外的其他各类投资主体，原则上应根据资金成本和风险收益自行决定项目的财务基准收益率，或将其认可的项目最低可接受财务收益率作为项目的基准折现率。

企业在跨行业投资或项目投资者对项目特点及风险情况缺乏经验时，可以参考使用国家行政主管部门统一测定并发布的行业财务基准收益率。需要特别指出的是，其他各类投资项目在确定财务基准收益率的取值时，在充分考虑行业风险的基础上，应主要考虑具体项目的特有风险、机会成本以及投资者的投资收益期望。

3. 一般情况下，项目风险大，要求的投资收益率相对应该高一些，在“参数”2.5条中的各种因素对基准收益率的取值均有不同程度的影响，可以从国家规划与政策、资源状况、市场需求、法制环境、技术构成、资金供应、项目所在地自然条件等若干方面，分析项目实际面临的风险。

2.6 财务基准收益率的主要测定方法

建设项目财务评价不仅需要一定的参数，更需要大量的实践经验积累和长期的各种数据积累。建设项目的评价方法是在实践中不断发展完善的，参数的测算方法也需要不断发展完善。

1. 资本资产定价模型法。在投资决策中的一项基本原则是投资收益应大于投资成本。因此，确定投资收益水平的下限就转化为确定投资的资金成本。资本资产定价模型法（*CAPM*）是在市场经济环境下普遍采用的资金成本分析方法之一。它的基本思路是：权益资本的收益由无风险投资收益和风险投资收益（又称风险溢价）两部分构成，资金投入不同的行业具有不同的风险，因而风险溢价也不相同。

资本资产定价模型的假设前提是资本可以充分自由流动，所有资产均可以交易，投资者充分了解有关信息，投资与资产价值均由市场价格（一般通过股市）反映等。在正常情况下，股票市场各类代表性股票的价格及其变动反映了各类实业投资收益和市场价值及其变动。通过测算行业投资收益变动与市场总的投资收益变动的关系，可以分析判断行业投资风险的相对大小。通过测定行业风险系数可以计算权益资本成本，得出权益投资应达到的最低收益率。

在建设项目财务评价参数测算中，行业财务基准收益率（权益资本）的测算借鉴采用了资本资产定价模型法的基本思路与计算方法，并依据我国的实际情况和数据情况变通使用。

无风险投资收益率一般可采用政府发行的相应期限的国债利率，2004 年取 2.5%。市场平均风险投资收益率可依据国家有关财政和统计数据测定，2004 年取 8%。

2. 加权平均资金成本法。加权平均资本成本法（*WACC*）是在投资决策中长期形成并普遍采用的方法之一。通常，企业的资本由权益资金和债务资金两部分构成，二者应具有合理的比例，其中，权益资金成本取决于项目所在行业的特点与风险，债务资金成本则取决于资本市场利率水平、企业违约风险、所得税率等因素。

通过测定行业的加权平均资金成本，可以近似得出行业内全部投资的最低可用折现率，为确定融资前税前行业财务基准收益率提供参考下限。在综合考虑其他方法得出的行业收益率并进行协调后，确定全部投资行业基准收益率的取值。

加权平均资本成本法中权益资金成本可以通过资本资产定价模型（*CAPM*）计算得出。

3. 典型项目模拟法。典型项目模拟法是通过选取行业内一定数量有代表性的、已进入正常生产运营状态的建设项目，进行实际情况调查，对实际实施的项目进行数据搜集分析，做必要的价格调整，按项目评价方法计算项目的财务内部收益率。这种分析的前提是项目具有典型性、代表性。在一定数量典型项目财务内部收益率测算的基础上，确定行业财务收益率的基准值。

4. 德尔菲（*Delphi*）专家调查法。德尔菲（*Delphi*）专家调查法是测算确定行业财务收益率的重要方法，这种方法充分利用专家熟悉行业特点、行业发展变化规律、项目收益水平和具有丰富经验的优势，由一定数量的专家对项目收益率取值进行分析判断，经过几轮调查逐步集中专家的意见，形成结论性取值结果。在调查过程中，如果在基本没有人为因素干扰的情况下能形成收敛性的结论，则这一结论能对基准收益率的取值提供重要参考。

在财务评价参数的测算过程中，无论采用上述何种方法，都要注意在测算分析的基础上进行必要的调整，最终的取值是综合权衡的结果，而不是简单计算的结果。

2.7　财务基准收益率的选用原则

1. 由于项目收益水平与项目产出物价格密切相关，政府对这类项目的产出物（或服务）价格实行控制与干预，一般情况下，在非市场定价行业的行业基准收益率是对政府投资收益要求的上限，政府投资这类项目主要目的是履行政府职能、提供公共服务，而不是为了获取更大的投资收益。

同时，以政府政策导向方法确定的行业财务基准收益率，不是对参与这类项目的其他投资者的收益要求，参与这类项目的其他投资者更关心政府对这类项目有什么支持措施，以及投资者的权益投资收益率有多少。其他投资者可以通过参加政府招标竞争或与政府相关部门协商确定项目的融资与运营方案。

2. 一般情况下，项目最低可接受财务收益率由投资者自行确定。投资者可以在应用前述方法确定财务基准收益率的基础上，根据自身发展战略、经营策略、项目目标、投资收益的期望、机会成本等因素确定具体项目的最低可接受财务收益率，作为项目的基准收益率。在投资者自行确定项目的财务基准收益率的情况下，项目财务基准收益率的取值与用于政府投资项目的行业财务基准收益率的取值可以相同，也可以不同；前者可以高于后者，也可以低于后者。

2.8　总投资收益率和项目资本金净利润率

“参数”条文公式（2.8－1）和（2.8－2）中分子上的数值可以是项目正

常年份相应指标的数值，也可以是项目运营期内各年的年均数值。

总投资收益率和资本金净利润率这两个参数均为参考性的，投资者可根据项目的特点及财务评价的目的和要求选用。

2.9 判断项目偿债能力的参数

对筹措了债务性资金（以下简称借款）的项目，为了考察企业能否按期偿还借款，应进行偿债能力分析。通过计算利息备付率、偿债备付率、资产负债率、流动比率和速动比率等指标，判断项目的偿债能力。

如果能够得知或根据经验设定所要求的借款偿还期，可以直接计算利息备付率和偿债备付率指标；如果难以设定借款偿还期，也可以先大致估算出借款偿还期，再采用适宜的方法计算出每年需要偿还的本金和付息的金额，代入相应的公式计算利息备付率和偿债备付率指标。需要估算借款偿还期时，可按下式估算：借款偿还期 = 借款偿还后开始出现盈余年份 - 开始借款年份 + $\frac{\text{当年借款额}}{\text{当年可用于还款的资金额}}$需注意的是，该借款偿还期只是为估算利息备付率和偿债备付率指标所用，不应与利息备付率和偿债备付率指标并列。

按照有关法规，融资租赁的固定资产视同为购置的固定资产计提折旧。项目评价中融资租赁费用的支付，即可视作还本付息处理。因此，参考国际金融师考试教材，条文中的偿债备付率公式（2.9-2）中，在分子和分母上均含有融资租赁费用一项。

另外需要注意的是，一般情况下，项目财务评价中进行偿债能力分析时，应注重对法人而不是项目的偿债能力进行全面分析。

2.11 若干参数值合理区间的测定

有些参数是以单一数值的形式体现的，如财务基准收益率；而有些参数值是以“合理区间”的形式体现的，如总投资收益率、资产负债率等。

确定“合理区间”需要根据样本数量而采取不同的方法，“参数”条文中介绍了“大样本”和“小样本”两种方法。

特别需要说明的是，在确定财务盈利能力参数——总投资收益率和资本金净利润率之前，首先要对总资产报酬率和净利润率进行测算。总投资收益率是在总资产报酬率的基础上测定的；资本金净利润率是在企业年度净利润率的基础上测定的。

2.12 利息备付率与偿债备付率

利息备付率、偿债备付率两个参数应测定最低可接受值，最低可接受值的测定则要参考国际经验和国内行业的具体情况。

由于项目具体情况复杂，不同行业、不同项目的这些参数计算数值存在差别，因此国家统一组织的测算给出的是行业正常运营情况下这些参数的平均取值，反映了行业的平均水平，对具体项目的计算判断具有参考价值。这些参数并不是项目必须要达到的基准值。

2.13 行业财务基准收益率的取值

通过各种方法研究、测算并协调后，确定了若干行业财务基准收益率的取值。

1. 行业选择的说明。经与有关方面协商，按照《国民经济行业分类和代码》（GB/T 4754—2002）中的行业分类，结合《政府核准项目目录》（2003 年版），并采用专家调查法（德尔菲法）进行了行业划分。在预调查的基础上，选取了农业、林业、煤炭、黑色金属、有色金属、建材、石油、石化、化工、轻工、纺织、医药、机械设备、信息产业、电力、水利、市政、铁路、交通、民航、房地产、卫生、教育、商业性文化娱乐设施等 24 个行业，作为本次《方法与参数》修订工作中需要进行参数测算的行业，每个行业根据不同情况都细分成若干子行业。在主要考虑政府投资的重点领域与政府关注的重点领域的前提下，经过专家会审查协调，最后确定正式发布其中 11 个主要行业中 51 个子行业的项目财务基准收益率的融资前税前指标和项目资本金税后指标。

2. 测算方法说明。本次参数测算采取分行业测算与专家调查法（德尔菲法）独立进行，测算结果相互验证协调的方法。在分行业测算中，农业、水利、林业、电力、铁路、民航、信息产业、石油、化工、石化和建材行业，分别组织了参数测算小组，根据行业情况采用了加权平均资金成本法及资本资产定价模型、典型项目模拟法等不同方法。在各行业组织测算的同时，建设部标准定额研究所组织全国 500 多位各行业专家进行专家调查。“参数”条文中的有关参数均通过主管部门或行业的认可，以及相关专家的审核。

3. 测算数据的说明。本次参数测算的基础数据主要来源于国有资产监督管理委员会、国家统计局、财政部以及参加测算的各部门或行业主管部门提供的数据。数据的时间区段为 1996 年到 2003 年，主要是近五年的数据。典型项目模拟法测算使用的价格水平是2003年底价格水平。考虑到近五年价格水平波动不大，在测算中未扣除通货膨胀的影响。

4. 参数的审查协调。以行业参数测算结果为基础，结合网上专家调查的结果，修订组组织了多次参数协调会议和专家审查会议，在力求体现国家政策并保持参数体系的协调性与完整性的原则下，综合考虑各方面的意见和实际情况后，确定了正式发布的各行业建设项目财务评价参数。

5. 列入说明部分的参数（见表2.13－1、表2.13－2）是除正式发布的各行业建设项目财务评价参数外，还有其他本次参数测算中实际工作过程的成果，反映了各行业的情况和各方面专家的判断，对项目评价人员具有一定的参考价值。

表2.13－1　部分行业建设项目财务基准收益率测算与协调

序号	行业名称	财务基准收益率（融资前税前指标）			财务基准收益率（项目资本金税后指标）		
		专家调查结果	行业测算结果	协调结果	专家调查结果	行业测算结果	协调结果
01	**农业**						
011	种植业	8～12	6	6	8～12	—	6
012	畜牧业	10～12	7	7	12～15	—	9
013	渔业	10～12	7	7	12～14	—	8
014	农副食品加工	10～12	8	8	12～15	—	8
02	**林业**						
021	林产加工	12	11	11	11	—	11
022	森林工业	12	12.5	12	15	12.4	13
023	林纸林化	13	12	12	15	12	12
024	营造林	10	6～8	8	12	7～9	9
03	**建材**						
031	水泥制造业	12	11	11	13	12	12
032	玻璃制造业	12	13	13	13	14	14
04	**石油**						
041	陆上油田开采	13	13	13	15	—	15
042	陆上气田开采	13	12	12	15	—	15
043	国家原油存储设施	8	—		8	—	
044	长距离输油管道	12	12	12	13	—	13
045	长距离输气管道	12	12	12	13	—	13
046	海上原油开采	13	—		15	—	
05	**石化**						
051	原油加工及石油制品制造	12	12	12	13	16	13
052	初级形态的塑料及合成树脂制造	12	13	13	13	18	15

续表

序号	行业名称	财务基准收益率（融资前税前指标）			财务基准收益率（项目资本金税后指标）		
		专家调查结果	行业测算结果	协调结果	专家调查结果	行业测算结果	协调结果
053	合成纤维单（聚合）体制造	12	14	14	13	20	16
054	乙烯联合装置	12	12	12	13	16	15
055	纤维素纤维原料及纤维制造	—	15	14	—	22	16
06	**化工**						
061	氯碱及氯化物制造	13	11	11	15	12	13
062	无机化学原料制造	12	10	10	13	10	11
063	有机化学原料及中间体制造	13	11	11	15	11	12
064	化肥	10	9	9	12	8	9
065	农药	13	12	12	15	14	14
066	橡胶制品制造	12	12	12	13	12	12
067	化工新型材料	13	12	12	15	12	13
068	专用化学品制造（含精细化工）	15	13	13	15	15	15
07	**信息产业**						
071	固定通信	6	5	5	6	5	5
072	移动通信	12	9	10	13	12	12
073	邮政通信	3	2.5	3	3	—	3
074	数据与因特网通信	12	—		13	—	
075	卫星通信	12	—		13	—	
076	电子计算机制造	12	—		13	—	
077	电子器件、元件制造	15	—		18	—	
08	**电力**						
081	**电源工程**						
0811	火力发电	8	8	8	10	10	10
0812	天然气发电	10	9	9	12	12	12
0813	核能发电	7	7	7	7	9	9
0814	风力发电	6	9	5	6	12	8
0815	垃圾发电	7	8	5	8	10	8
0816	其他能源发电（潮汐、地热等）	8	8	5	10	—	
0817	热电站	8	8	8	10	10	10
0818	抽水蓄能电站	7	8	8	7	10	10
082	**电网工程**						
0821	送电工程	7	8	7	7	9	9

续表

序号	行业名称	财务基准收益率（融资前税前指标）			财务基准收益率（项目资本金税后指标）		
		专家调查结果	行业测算结果	协调结果	专家调查结果	行业测算结果	协调结果
0822	联网工程	7	7	7	7	13	10
0823	城网工程	7	7	7	7	10	10
0824	农网工程	7	6	6	7	9	9
0825	区内或省内电网工程	7	8	7	7	9	9
09	**水利**						
091	水库发电工程	8	6~8	7	10	—	
092	调水、供水工程	6	2~4	4	6	—	
10	**铁路**						
101	铁路网既有线改造	—	—	—	—	6	6
102	铁路网新线建设	—	—	—	—	2.5	3
11	**民航**						
111	大中型（干线）机场建设	7	5	5	8	4	4
112	小型（支线）机场建设	—	1	1	—	—	—
12	**煤炭**						
121	煤炭采选	13	—		15	—	
122	煤气生产	12	—		13	—	
13	**黑色金属**						
131	铁矿采选	13	—		15	—	
132	钢铁冶炼	12	—		13	—	
133	钢压延加工	12	—		13	—	
134	炼焦	12	—		13	—	
14	**有色金属**						
141	有色金属矿采选	13	—		15	—	
142	有色金属冶炼	12	—		13	—	
143	有色金属压延加工	12	—		13	—	
15	**轻工**						
151	卷烟制造	16	—		18	—	
152	纸浆及纸制品制造	13	—		15	—	
153	变性燃料乙醇	13	—		15	—	
154	制盐	10	—		12	—	
155	家电制造	12	—		13	—	
156	家具制造	13	—		15	—	
157	塑料制品制造	13	—		15	—	
158	日用化学品制造	13	—		15	—	

续表

序号	行业名称	财务基准收益率（融资前税前指标）			财务基准收益率（项目资本金税后指标）		
		专家调查结果	行业测算结果	协调结果	专家调查结果	行业测算结果	协调结果
16	**纺织业**						
161	棉、化纤纺织	12	—		13	—	
162	毛、麻纺织	13	—		15	—	
163	丝、绢纺织	13	—		15	—	
17	**医药**						
171	化学药品、原药制剂制造	15	—		16	—	
172	中成药制造	18	—		20	—	
173	兽用药品制造	18	—		20	—	
174	生物、生化制品制造	18	—		20	—	
175	卫生材料及医药用品制造	15	—		18	—	
18	**机械设备**						
181	金属制品	12	—		13	—	
182	通用设备制造	12	—		13	—	
183	专用设备制造	12	—		13	—	
184	汽车制造	12	—		13	—	
19	**市政**						
191	城市快速轨道	5	—		6	—	
192	供水	8	—		8	—	
193	排水	4	—		4	—	
194	燃气	8	—		10	—	
195	集中供热	8	—		10	—	
196	垃圾处理	8	—		10	—	
20	**公路与水运交通**						
201	公路建设	6	—		7		
202	独立公路桥梁、隧道	6	—		7		
203	泊位	8	—		8		
204	航道	4	—		6		
205	内河港口	8	—		8		
206	通航枢纽	4	—		6		
21	**房地产开发项目**	12	—		13	—	
22	**商业性卫生项目**	10	—		12	—	
23	**商业性教育项目**	10	—		12		
24	**商业性文化娱乐设施**	12	—		13	—	

表 2.13－2　部分行业建设项目偿债能力测算与协调

行业名称	资产负债率的合理区间			利息备付率的最低可接受值			偿债备付率的最低可接受值			流动比率的合理区间			速动比率的合理区间		
	专家调查结果	行业测算结果	协调结果	专家调查结果	行业测算结果	协调结果	专家调查结果	行业测算结果	协调结果	专家调查结果	行业测算结果	协调结果	专家调查结果	行业测算结果	协调结果
01 农业															
011 种植业	20～50	40	30～50	2	10	2	1.3	50	1.3	1.0～2.0	2.1	1.0～2.0	0.6～1.2	1.1	0.6～1.2
012 畜牧业	20～50	45	30～50	2	10	2	1.3	50	1.3	1.0～2.0	2.1	1.0～2.1	0.6～1.2	1.2	0.6～1.2
013 渔业	20～50	50	30～50	2	10	2	1.3	50	1.3	1.0～2.0	2.1	1.0～2.2	0.6～1.2	1.2	0.6～1.2
014 农副食品加工	40～60	50	30～50	2	10	2	1.3	50	1.3	1.0～2.0	2.2	1.0～2.3	0.6～1.2	1.3	0.6～1.2
02 林业															
021 林产加工	40～60	50～70	50～70	2	—	2	1.3	1	1.3	1.0～2.0	—	1.0～2.0	0.6～1.2	—	0.6～1.2
022 森林工业	40～60	48	40～60	2	4.8	2	1.3	1	1.3	1.0～2.0	2	1.0～2.0	0.6～1.2	1	0.6～1.2
023 林纸林化	40～60	50～70	50～70	2	—	2	1.3	1	1.3	1.0～2.0	—	1.0～2.0	0.6～1.2	—	0.6～1.2
024 营造林	20～50	70～80	70～80	2	3	2	1.3	1	1.3	1.0～2.0	—	1.0～2.0	0.6～1.2	—	0.6～1.2
03 建材															
031 水泥制造业	40～60	65	40～70	2	3	2	1.3	1.3	1.3	1.0～2.0	1.6	1.0～2.0	0.6～1.2	0.9	0.6～1.2
032 玻璃制造业	40～60	65	40～70	2	2	2	1.3	1.3	1.3	1.0～2.0	1.6	1.0～2.0	0.6～1.2	0.9	0.6～1.2
04 石油															
041 陆上油田开采	40～60	50	40～60	2	1.9	2	1.3	1.2	1.3	1.0～2.0	2	1.0～2.0	0.6～1.2	1.5	1.0～1.5
042 陆上气田开采	40～60	50	40～60	2	1.9	2	1.3	1.2	1.3	1.0～2.0	2	1.0～2.0	0.6～1.2	1.5	1.0～1.5
043 国家原油存储设施	40～70	—	40～70	2	—	2	1.3	—	1.3	1.0～2.0	—	1.0～2.0	0.6～1.2	—	0.6～1.2
044 长距离输油管道	40～60	50	40～60	2	1.9	2	1.3	1.2	1.3	1.0～2.0	2	1.0～2.0	0.6～1.2	1.5	1.0～1.5
045 长距离输气管道	40～60	50	40～60	2	1.9	2	1.3	1.2	1.3	1.0～2.0	2	1.0～2.0	0.6～1.2	1.5	1.0～1.5

续表

行业名称	资产负债率的合理区间			利息备付率的最低可接受值			偿债备付率的最低可接受值			流动比率的合理区间			速动比率的合理区间		
	专家调查结果	行业测算结果	协调结果	专家调查结果	行业测算结果	协调结果	专家调查结果	行业测算结果	协调结果	专家调查结果	行业测算结果	协调结果	专家调查结果	行业测算结果	协调结果
046 海上原油开采	40~60	—	40~60	2	—	2	1.3	—	1.3	1.0~2.0	—	1.0~2.0	0.6~1.2	—	0.6~1.2
05 石化															
051 原油加工及石油制品制造	40~60	45	40~60	2	4.0~5.0	2	1.3	2.0~3.0	1.3	1.0~2.0	1.5~2.5	1.5~2.5	0.6~1.2	1~1.5	1~1.5
052 初级形态的塑料及合成树脂制造	40~60	40	40~60	2	4.0~5.0	2	1.3	2.0~3.0	1.3	1.0~2.0	2~2.5	2~2.5	0.6~1.2	1~1.5	1~1.5
053 合成纤维单(聚合)体制造	40~60	40	40~60	2	4.0~5.0	2	1.3	2.0~3.0	1.3	1.0~2.0	2.0~3.0	2.0~3.0	0.6~1.2	1.5~2	1.5~2
054 乙烯联合装置	40~60	40	40~60	2	4.0~5.0	2	1.3	2.0~3.0	1.3	1.0~2.0	2.0~3.0	2.0~3.0	0.6~1.2	1.0~2.0	1.0~2.0
055 纤维素纤维原料及纤维制造		45	40~60	2	4.0~5.0	2		2.0~3.0	1.3	1.0~2.0	1.5~2.5	1.5~2.5		1~1.5	1~1.5
06 化工															
061 氯碱及氯化物制造	40~60	30~60	30~60	2	2	2	1.3	1.1	1.3	1.0~2.0	1.6~2.3	1.5~2.5	0.6~1.2	0.8~1.2	0.8~1.2
062 无机化学原料制造	40~60	30~60	30~60	2	2	2	1.3	1.1	1.3	1.0~2.0	1.6~2.2	1.5~2.5	0.6~1.2	0.7~1.1	0.7~1.1
063 有机化学原料及中间体制造	40~60	30~60	30~60	2	2	2	1.3	1.1	1.3	1.0~2.0	1.6~2.2	1.5~2.5	0.6~1.2	0.8~1.2	0.8~1.2
064 化肥	40~60	30~60	30~60	2	2	2	1.3	1.1	1.3	1.0~2.0	1.5~2.1	1.5~2.5	0.6~1.2	0.7~1.1	0.7~1.1
065 农药	40~60	40~70	40~70	2	2	2	1.3	1.2	1.3	1.0~2.0	1.7~2.3	1.5~2.5	0.6~1.2	0.8~1.3	0.8~1.3
066 橡胶制品制造	40~60	40~70	40~70	2	2	2	1.3	1.2	1.3	1.0~2.0	1.6~2.2	1.5~2.5	0.6~1.2	0.8~1.2	0.8~1.2

续表

行业名称	资产负债率的合理区间			利息备付率的最低可接受值			偿债备付率的最低可接受值			流动比率的合理区间			速动比率的合理区间		
	专家调查结果	行业测算结果	协调结果	专家调查结果	行业测算结果	协调结果	专家调查结果	行业测算结果	协调结果	专家调查结果	行业测算结果	协调结果	专家调查结果	行业测算结果	协调结果
067 化工新型材料	40~60	40~70	40~70	2	2	2	1.3	1.2	1.3	1.0~2.0	1.8~2.3	1.5~2.5	0.6~1.2	0.9~1.3	0.9~1.3
068 专用化学品制造（含精细化工）	40~60	40~70	40~70	2	2	2	1.3	1.2	1.3	1.0~2.0	1.7~2.3	1.5~2.5	0.6~1.2	0.9~1.3	0.9~1.3
07 信息产业															
071 固定通信	40~60	45~60	40~60	2	1.5	2	1.3	1.3	1.3	1.0~2.0	0.45~0.55	0.45~0.55	0.6~1.2	0.4~0.5	0.4~0.5
072 移动通信	40~60	50~60	40~60	2	2	2	1.3	1.3	1.3	1.0~2.0	0.5~0.7	0.5~0.7	0.6~1.2	0.45~0.65	0.45~0.65
073 邮政通信	20~50	20~40	20~50	2	—	2	1.3	—	1.3	1.0~2.0	1~1.9	1.0~2.0	0.6~1.2	0.9~1.8	0.9~1.8
074 数据与因特网通信	40~60	—		2	—		1.3	—		1.0~2.0	—		0.6~1.2	—	
075 卫星通信	40~60	—		2	—		1.3	—		1.0~2.0	—		0.6~1.2	—	
076 电子计算机制造	40~60	—		2	—		1.3	—		1.0~2.0	—		0.6~1.2	—	
077 电子器件、元件制造	40~60	—		2	—		1.3	—		1.0~2.0	—		0.6~1.2	—	
08 电力															
081 电源工程															
0811 火力发电	40~60	60~85	40~80	2	2	2	1.3	1.2	1.3	1.0~2.0	1.2	1.0~2.0	0.6~1.2	1	0.6~1.2
0812 天然气发电	40~70	60~80	60~80	2	2	2	1.3	1.2	1.3	1.0~2.0	1.2	1.0~2.0	0.6~1.2	1	0.6~1.2
0813 核能发电	40~70	70~95	70~90	2	2	2	1.3	1.2	1.3	1.0~2.0	1.2	1.0~2.0	0.6~1.2	1	0.6~1.2
0814 风力发电	40~70	60~80	60~80	2	1.2	2	1.3	1	1.3	1.0~2.0	1.2	1.0~2.0	0.6~1.2	1	0.6~1.2
0815 垃圾发电	40~70	60~80	60~80	2	1.2	2	1.3	1	1.3	1.0~2.0	1.2	1.0~2.0	0.6~1.2	1	0.6~1.2

续表

行业名称	资产负债率的合理区间			利息备付率的最低可接受值			偿债备付率的最低可接受值			流动比率的合理区间			速动比率的合理区间		
	专家调查结果	行业测算结果	协调结果	专家调查结果	行业测算结果	协调结果	专家调查结果	行业测算结果	协调结果	专家调查结果	行业测算结果	协调结果	专家调查结果	行业测算结果	协调结果
0816 其他能源发电（潮汐、地热等）	40~70	—	40~70	2	—	2	1.3	—	1.3	1.0~2.0	—	1.0~2.0	0.6~1.2	—	0.6~1.2
0817 热电站	40~70	60~85	60~80	2	2	2	1.3	1.2	1.3	1.0~2.0	1.2	1.0~2.0	0.6~1.2	1	0.6~1.2
0818 抽水蓄能电站	40~70	60~80	60~80	2	2	2	1.3	1.2	1.3	1.0~2.0	1.2	1.0~2.0	0.6~1.2	1	0.6~1.2
082 电网工程															
0821 送电工程	40~70	20~40	20~40	2	3	2	1.3	2	1.3	1.0~2.0	—	1.0~2.0	0.6~1.2	—	0.6~1.2
0822 联网工程	40~70	50~60	50~60	2	2	2	1.3	2	1.3	1.0~2.0	—	1.0~2.0	0.6~1.2	—	0.6~1.2
0823 城网工程	40~70	40~50	40~50	2	2	2	1.3	2	1.3	1.0~2.0	—	1.0~2.0	0.6~1.2	—	0.6~1.2
0824 农网工程	40~70	70~80	70~80	2	1.5	2	1.3	2	1.3	1.0~2.0	—	1.0~2.0	0.6~1.2	—	0.6~1.2
0825 区内或省内电网工程	40~70			2			1.3			1.0~2.0			0.6~1.2		
09 水利															
091 水库发电工程	40~70			2			1.3			1.0~2.0			0.6~1.2		
092 调水、供水工程	40~60			2			1.3			1.0~2.0			0.6~1.2		
10 铁路															
101 铁路网既有线改造	30~50	65	40~60	2	—	2	1.3	—	1.3	1.0~2.0	—	1.0~2.0	0.6~1.2	—	0.6~1.2
102 铁路网新线建设	30~50	65	40~60	2	—	2	1.3	—	1.3	1.0~2.0	—	1.0~2.0	0.6~1.2	—	0.6~1.2
11 民航															
111 大中型(干线)机场建设	30~50	40	30~50	2	2	2	1.3	1	1.3	1.0~2.0	1.15	1.0~2.0	0.6~1.2	1.13	0.6~1.2

续表

行业名称	资产负债率的合理区间			利息备付率的最低可接受值			偿债备付率的最低可接受值			流动比率的合理区间			速动比率的合理区间		
	专家调查结果	行业测算结果	协调结果	专家调查结果	行业测算结果	协调结果	专家调查结果	行业测算结果	协调结果	专家调查结果	行业测算结果	协调结果	专家调查结果	行业测算结果	协调结果
112 小型(支线)机场建设	20~40		20~40	2		2	1.3		1.3	1.0~2.0		1.0~2.0	0.6~1.2	—	0.6~1.2
12 煤炭															
121 煤炭采选	40~60			2			1.3			1.0~2.0			0.6~1.2		
122 煤气生产	40~60			2			1.3			1.0~2.0			0.6~1.2		
13 黑色金属															
131 铁矿采选	40~60			2			1.3			1.0~2.0			0.6~1.2		
132 钢铁冶炼	40~60			2			1.3			1.0~2.0			0.6~1.2		
133 钢压延加工	40~60			2			1.3			1.0~2.0			0.6~1.2		
134 炼焦	40~60			2			1.3			1.0~2.0			0.6~1.2		
14 有色金属															
141 有色金属矿采选	40~60			2			1.3			1.0~2.0			0.6~1.2		
142 有色金属冶炼	40~60			2			1.3			1.0~2.0			0.6~1.2		
143 有色金属压延加工	40~60			2			1.3			1.0~2.0			0.6~1.2		
15 轻工															
151 卷烟制造	50~70			2			1.3			1.0~2.0			0.6~1.2		
152 纸浆及纸制品制造	40~60			2			1.3			1.0~2.0			0.6~1.2		
153 变性燃料乙醇	40~60			2			1.3			1.0~2.0			0.6~1.2		
154 制盐	40~60			2			1.3			1.0~2.0			0.6~1.2		

续表

行业名称	资产负债率的合理区间			利息备付率的最低可接受值			偿债备付率的最低可接受值			流动比率的合理区间			速动比率的合理区间		
	专家调查结果	行业测算结果	协调结果	专家调查结果	行业测算结果	协调结果	专家调查结果	行业测算结果	协调结果	专家调查结果	行业测算结果	协调结果	专家调查结果	行业测算结果	协调结果
155 家电制造	40 ~ 60			2			1.3			1.0 ~ 2.0			0.6 ~ 1.2		
156 家具制造	40 ~ 60			2			1.3			1.0 ~ 2.0			0.6 ~ 1.2		
157 塑料制品制造	40 ~ 60			2			1.3			1.0 ~ 2.0			0.6 ~ 1.2		
158 日用化学品制造	40 ~ 60			2			1.3			1.0 ~ 2.0			0.6 ~ 1.2		
16 纺织业															
161 棉、化纤纺织	40 ~ 60			2			1.3			1.0 ~ 2.0			0.6 ~ 1.2		
162 毛、麻纺织	40 ~ 60			2			1.3			1.0 ~ 2.0			0.6 ~ 1.2		
163 丝、绢纺织	40 ~ 60			2			1.3			1.0 ~ 2.0			0.6 ~ 1.2		
17 医药															
171 化学药品、原药制剂制造	40 ~ 60			2			1.3			1.0 ~ 2.0			0.6 ~ 1.2		
172 中成药制造	40 ~ 60			2			1.3			1.0 ~ 2.0			0.6 ~ 1.2		
173 兽用药品制造	40 ~ 60			2			1.3			1.0 ~ 2.0			0.6 ~ 1.2		
174 生物、生化制品制造	40 ~ 60			2			1.3			1.0 ~ 2.0			0.6 ~ 1.2		
175 卫生材料及医药用品制造	40 ~ 60			2			1.3			1.0 ~ 2.0			0.6 ~ 1.2		
18 机械设备															
181 金属制品	40 ~ 60			2			1.3			1.0 ~ 2.0			0.6 ~ 1.2		
182 通用设备制造	40 ~ 60			2			1.3			1.0 ~ 2.0			0.6 ~ 1.2		

续表

行业名称	资产负债率的合理区间			利息备付率的最低可接受值			偿债备付率的最低可接受值			流动比率的合理区间			速动比率的合理区间		
	专家调查结果	行业测算结果	协调结果	专家调查结果	行业测算结果	协调结果	专家调查结果	行业测算结果	协调结果	专家调查结果	行业测算结果	协调结果	专家调查结果	行业测算结果	协调结果
183 专用设备制造	40～60			2			1.3			1.0～2.0			0.6～1.2		
184 汽车制造	40～60			2			1.3			1.0～2.0			0.6～1.2		
19 市政															
191 城市快速轨道	20～50			2			1.3			1.0～2.0			0.6～1.2		
192 供水	40～60			2			1.3			1.0～2.0			0.6～1.2		
193 排水	20～40			2			1.3			1.0～2.0			0.6～1.2		
194 燃气	40～60			2			1.3			1.0～2.0			0.6～1.2		
195 集中供热	40～60			2			1.3			1.0～2.0			0.6～1.2		
196 垃圾处理	40～60			2			1.3			1.0～2.0			0.6～1.2		
20 公路与水运交通															
201 公路建设	40～60			2			1.3			1.0～2.0			0.6～1.2		
202 独立公路桥梁、隧道	40～60			2			1.3			1.0～2.0			0.6～1.2		
203 泊位										1.0～2.0					
204 航道															
205 内河港口	40～60			2			1.3			1.0～2.0			0.6～1.2		
206 通航枢纽	40～60			2			1.3			1.0～2.0			0.6～1.2		
21 房地产开发项目	35～65			2			1.3			1.0～2.0			0.6～1.2		
22 商业性卫生项目															
23 商业性教育项目	20～50			2			1.3			1.0～2.0			0.6～1.2		
24 商业性文化娱乐设施	20～50			2			1.3			1.0～2.0			0.6～1.2		

3　国民经济评价参数

3.3　社会折现率的定义、经济含义和作用

项目的国民经济评价，采用费用效益分析方法或者费用效果分析方法。在费用－效益分析方法中，主要采用动态计算方法，计算经济净现值或者经济内部收益率指标。在计算项目的经济净现值指标时，需要使用一个事先确定的折现率。在使用经济内部收益率指标时，需要用一个事先确定的基准收益率做对比，以判定项目的经济效益是否达到了标准。通常将经济净现值计算中的折现率和经济内部收益率判据的基准收益率统一起来，规定为社会折现率。

社会折现率在项目国民经济评价中的这种使用，使得它具有双重职能，即：作为项目费用－效益的不同时间价值之间的折算率，同时作为项目经济效益要求的最低经济收益率。

作为项目费用－效益不同时间价值之间的折算率，社会折现率反映了对于社会费用效益价值的时间偏好。社会费用或效益的时间偏好代表人们对于现在的社会价值与未来价值之间的权衡。社会费用效益的时间偏好在一定程度上受到社会经济增长的影响，但并非完全由经济增长所决定，而经济增长也并不是完全由社会投资所带来的。

作为项目经济效益要求的最低经济收益率，社会折现率代表着社会投资所要求的最低收益率水平。项目投资产生的社会收益率如果达不到这一最低水平，项目不应当被接受。社会投资所要求的最低收益率，理论上认为应当由社会投资的机会成本决定，也就是由社会投资的边际收益率决定。

由社会资本投资的机会成本所决定的社会折现率，并不一定会等于由社会时间偏好所决定的社会折现率。一般认为，社会时间偏好率应当低于社会资本投资机会成本。由于这种偏差的存在，由于社会折现率在项目国民经济评价中的这种双重作用，使得评价结果不可避免的存在一定的偏差。这是评价方法本身的局限性所决定的。

作为基准收益率，社会折现率的取值高低直接影响项目经济可行性的判断结果。社会折现率如果取值过低，将会使得一些经济效益不好的项目投资得以通过，经济评价不能起到应有的作用。社会折现率取值提高，会使一部分本来

可以通过评价的项目因达不到判别标准而被舍弃，从而间接起到调控投资规模的作用。

在项目的选优和方案比选中，社会折现率的取值高低会影响比选的结果。较高的取值，将会使远期收益在折算为现值时发生较高的折减，因此有利于社会效益产生在近期，但在远期有比较高的社会成本的方案和项目入选，而社会效益主要产生在远期的项目被淘汰。这可能会导致对评价结果的误导。比如对生态环境造成破坏的项目，高折现率将未来环境污染的成本负担折减计算。

在实践中，国家根据宏观调控意图和现实经济状况，制定发布统一的社会折现率，以利于统一评价标准，避免参数选择的随意性。项目评价人员应当充分理解社会折现率在项目国民经济评价中的作用，理解社会折现率取值对评价结果的影响，避免对评价结果的误导。

3.4 社会折现率测定原则

目前公布的社会折现率取值，是以资本的社会机会成本与费用效益的时间偏好率二者为基础进行测算的结果。

在项目评价中，社会折现率既代表了资金的机会成本，也是不同年份之间费用效益的折算率。理论上，如果社会资源供求在最优状态平衡，资金的机会成本应当等于不同年份之间的折算率，但在现实经济中，社会投资资金总是表现出一定的短缺，资金的机会成本总是高于不同年份之间的费用效益折算率。同时，由于投资风险的存在，资本投资所要求的收益率总是要高于不同年份折算率。因此，按照资金机会成本原则确定的社会折现率总是高于按照费用效益的时间偏好率原则确定的数值。

3.5 现阶段中国社会折现率的取值

目前社会折现率的确定主要有两种基本思路：一种是基于资本的社会机会成本的方法；另一种是基于社会时间偏好率的方法。

根据一些经济学者的研究，社会时间偏好率可以分解为两部分：纯时间偏好率、随边际收入递增未来价值的贬值。纯时间偏好率估计约为1%～2%。我国人均GDP的增长率，长期按7%～8%计，伴随边际收入递增，未来价值的贬值系数估计为0.5，则随边际收入递增未来价值的贬值估计为3.5%～4%。两项合计，社会时间偏好率估计为4.5%～6%。

根据一些数量经济学者的研究，采用生产函数方程，依据我国建国以来经济发展统计数据，预测我国未来20年以内的社会资本收益率为9% ~11%。

考虑到社会资本收益率与社会时间偏好之间的折中，本次推荐的社会折现率为8%。

对于不同类型的具体项目，应当视项目性质采取不同的社会折现率，比如，对于交通运输项目的社会折现率要比水利工程项目高。对于一些特殊的项目，主要是水利工程、环境改良工程、某些稀缺资源的开发利用项目，采取较低的社会折现率，可能会有利于项目的选优和方案优化。

本次社会折现率的取值，没有采用不同行业使用不同社会折现率的方案。但对于远期收益较大的项目，允许对远期效益计算采取较低的折现率。

对于永久性工程或者受益期超长的项目，比如水利设施等大型基础设施和具有长远环境保护效益的工程项目，宜采用低于8%的社会折现率。对于超长期项目，社会折现率可用按时间分段递减的取值方法。

以水利项目和环境保护项目为例，实际上，水利及环境的远期效益价值本身是我们在目前的认识水平下难于判断的，从资源的稀缺性考虑，水利资源和环境资源的价值是会随着时间的推移不断增长的，某些不可再生资源，其价值增长速度甚至会高于国民经济增长的速度。因此，超长期以后的费用和效益的现值计算，不应当仅仅由社会折现率来调整，而更应当着眼于对费用效益价值本身的估算。

发达国家近年来有将社会折现率取值降低的趋势。较早年份制定的社会折现率较高，近年修订的折现率较低。世界银行、亚洲开发银行等国际组织为发展中国家使用的社会折现率较高，发展中国家制定的社会折现率也较高。可以这样认为，我国目前属于较先进的发展中国家。

有关国家和组织的社会折现率见表3.5。

表3.5　部分国家和组织的社会折现率

国家	社会折现率	资料来源
美国	1.6% ~ 3.2 % (3 ~30 年 及以上) 2% ~3%	Circular A – 94 Guidelines and Discount Rates for Benefit – Cost Analysis of Federal Programs Appendix C (Revised January 2003) U. S. Environmental Protection Agency. 2000. Guidelines for Preparing Economic Analyses. U. S. GPO, Washington, DC.
英国	6% (2003 年3 月前) 3.5% (2003 年4 月后)	The Green Book – Appraisal and Evaluation in Central Government, HMT, 1997 THE GREEN BOOK Appraisal and Evaluation in Central Government, 2003. 1 H. M. Treasury Guidance

续表

<table>
<tr><th>国家</th><th>社会折现率</th><th>资料来源</th></tr>
<tr><td>德国</td><td>3%</td><td>Macro – Economic Evaluation of Transport Infrastructure Investments, Evaluation Guidelines for the Federal Transport Investment Plan, The Federal Minister of Transport, 1992</td></tr>
<tr><td>比利时</td><td>4%</td><td rowspan="3">Assessing the Benefits of Transport , ECMT, 2001</td></tr>
<tr><td>法国</td><td>8%（自 1984 年）</td></tr>
<tr><td>瑞典</td><td>4%</td></tr>
<tr><td>新西兰</td><td>10%
4%（无风险）</td><td>Evaluation Procedures for Alternatives to Roading, Transfund NewZealand, 1999. 2
Ealuatie Van Infrastructu Ur Projecten Leidraad Voor Kosten – Baten Analyse ,
Carel J. J. Eijgenraam, et., CPB & NEI, 2000</td></tr>
<tr><td>亚洲开发银行</td><td>10% ~ 12%</td><td>Guidelines for the Economic Analysis of Projects, 1997</td></tr>
<tr><td>日本</td><td>4%</td><td>事業分野間における評価指標等設定の考え方の整合性の確保への対応（案）2003</td></tr>
<tr><td>欧盟</td><td>5%</td><td rowspan="3">Guide to cost – benefit analysis of investment projects , Evaluation Unit DG Regional Policy European Commission for SF, the CF and ISPA, 2002（修订）</td></tr>
<tr><td>西班牙</td><td>交通 6%　水利 4%</td></tr>
<tr><td>意大利</td><td>5%</td></tr>
</table>

3.6　影子汇率的定义、经济含义及作用

影子汇率是指单位外汇的经济价值，区分于外汇的财务价格和市场价格。在项目国民经济评价中使用影子汇率，是为了正确计算外汇的真实经济价值，影子汇率代表着外汇的影子价格。

影子汇率是项目国民经济评价的重要参数，应当由国家统一测定发布，并且定期调整。影子汇率的发布有两种形式，一种是直接发布影子汇率，另一种则是将影子汇率与国家外汇牌价挂钩，发布影子汇率换算系数。

3.7 影子汇率的测定原则、测定方法

世界上对于影子汇率的研究较多，存在着多种理论上和实践中产生的影子汇率测定方法。

依照影子价格的基本理论，影子汇率也就是外汇的影子价格，应当等于外汇的社会边际成本或边际贡献。是国家每增加或减少一单位的外汇收入所需要付出或节约的社会成本，或者是所增加的这一单位外汇收入对社会的边际贡献。

在现有的外汇收支状况下，国家在现有水平上增加一个单位的外汇收入，可以用于增加进口或者减少出口。一般认为，在边际上，这一单位外汇中将有一部分用于增加进口，另一部分用于减少出口。有多少用于进口，多少用于出口，要取决于国家外贸的进出口弹性。用于增加进口，可以增加国内消费或投资，获得社会经济效益。用于减少出口，可以减少国内生产出口产品的资源消耗，减少社会资源消耗费用。一个单位外汇的社会经济价值，取决于其用于增加进口而获得的社会经济效益与减少出口获得的社会资源消耗费用节省两部分之和。增加进口的社会经济效益应当以使用者的支付意愿定价。减少出口节省的社会资源消耗费用由这些社会资源的社会经济价值决定，应当也决定于这些资源的社会使用者的支付意愿。基于这种理论，影子汇率可以采取以下测算公式。

$$SER = \sum_{i=1}^{n} f_i \times \frac{PD_i}{PC_i} + \sum_{i=1}^{m} X_i \times \frac{PD_i}{PF_i} \qquad (3.7-1)$$

式中 SER——影子汇率；

f_i——边际上增加单位外汇时将用于进口 i 货物的那部分外汇；

X_i——边际上增加单位外汇时将导致减少出口 i 货物的那部分外汇；

PD_i——i 货物的国内市场价格（人民币计价）；

PC_i——i 货物的进口到岸价格（人民币计价）；

PF_i——i 货物的出口离岸价格（人民币计价）。

f_i 与 X_i 代表边际上单位外汇使用与各种进出口货物的分配权重，其总和为 1。

如果外汇的边际成本等于边际贡献，那么国家的外汇收支应当处于可以由市场自动平衡的状态，即外汇收支处于均衡状态，这种可以使外汇收支平衡的汇率称为均衡汇率。影子汇率的一种理论上的确定方法是以均衡汇率为基础的。由于国家的外汇收支并没有处于市场自动平衡的状态，国家外汇牌价相对于影

子汇率存在着差异。外汇牌价与影子汇率之间的差异，一方面来自外汇牌价对均衡汇率的扭曲，一方面来自进出口关税带来的扭曲。采用均衡汇率理论测定影子汇率的方法可以用以下公示表示：

$$SER = W_s \times BER \times (1 + T_o) + W_d \times BER \times (1 + T_I) \qquad (3.7-2)$$

$$W_s + W_d = 1$$

$$W_s = \frac{-U_i \times (Q_i/Q_o)}{U_o - [U_i \times (Q_i/Q_o)]} \text{外汇需求权重}$$

$$W_d = \frac{U_o}{U_o - [U_i \times (Q_i/Q_o)]} \text{外汇供给权重}$$

式中 SER——影子汇率；

BER——均衡汇率；

T_o——出口补贴率；

T_I——进口税率；

U_i——进口价格弹性；

U_o——出口价格弹性；

Q_i——进口总额；

Q_o——出口总额。

均衡汇率需要通过一定的模型估算。实践中，影子汇率的测定还存在多种实用的简化方法：

1. 采用进出口平均关税率确定影子汇率；
2. 采用进出口贸易逆差确定影子汇率；
3. 以出口换汇成本确定影子汇率；
4. 黑市汇率通常也可以给出影子汇率的一定取值界限参考。

实践中大多采用以外汇牌价乘以影子汇率换算系数得到影子汇率的方法。影子汇率换算系数是影子汇率与国家外汇牌价的比值，可以直观地反映外汇影子价格相对于官方汇率的溢价比例，反映国家外汇牌价对于外汇经济价值的低估比率。

影子汇率换算系数在项目国民经济评价中用于计算外汇影子价格，直接或间接地影响项目的进出口货物价值。

3.8 影子汇率换算系数的取值

作为项目国民经济评价的重要参数，影子汇率的取值对于项目决策有着重要的影响。影子汇率转换系数取值较高，反映外汇的影子价格较高。外汇的影子价格高，表明项目使用外汇时的社会成本较高，而项目为国家创造外汇收入时的社会价值较高。对于那些主要产出物是外贸货物的项目，影子汇率较高，将使得项目收入的外汇经济价值较高。而对于投入物中有较大进口货物的项目，外汇影子价格较高，使得项目投入外汇的社会成本较高。

影子汇率的取值，在项目评价中，可以影响项目进出口的抉择。项目投资中使用进口设备或原材料，与国产设备或原材料比较时，如果影子汇率取值较高，进口设备或原材料的社会成本较高，国产设备或原材料社会成本相对较低，有利于方案选择中选用国产设备或原材料。

《方法与参数》第二版中影子汇率换算系数取值为1.08。实际使用中，很多情况下，进口货物的影子价格计算值会低于财务价格，主要因为财务价格中含有进口关税和增值税，而影子价格中不再单独计算进口关税和增值税，仅以影子汇率乘以进口货物的到岸价加上国内贸易费用和运输费用。

本次在对影子汇率的专项研究中，对我国近年的历史均衡汇率和进出口关税和补贴导致贸易扭曲对影子汇率造成的影响进行了定量分析，最终提出我国1994年至2001年的影子汇率转换系数平均值约为1.04。

根据专题中对均衡汇率的研究结果，考虑到我国进出口关税和补贴，我国的影子汇率转换系数取值应当为1.04。即外汇牌价乘以1.04等于影子汇率。如果再考虑到进口增值税税率一般为17%，出口产品通常免征增值税。再考虑非贸易外汇收支不征收增值税，非贸易外汇收支占我国外汇收支一定比例，最终影子汇率换算系数取值为1.08。

目前存在人民币升值的呼声，有人认为我国的外汇牌价低估了人民币的币值，均衡汇率数量模型的分析也得出了类似的结论。但是，外汇牌价与影子汇率的作用不同，价值含义也不同。外汇牌价用于实际经济活动的货币兑换，是在有进出口关税和增值税的环境下进行，关税、增值税对于外汇收支均衡及其价格存在作用，在有关税、增值税条件下的外汇均衡价格应当低于无关税、增值税条件下的价格。影子汇率用于估算建设项目未来进出口货物的影子价格，这种价格应当考虑关税增值税的影响，应当考虑进出口货物的口岸价与国内市场价格的差异。如果采用有关税、增值税条件下的外汇均衡汇率作为项目评价的影子汇率，汇率中没有包含关税增值税的影响，外汇价值估计偏低，项目进口货物的影子价格将会低于国内市场价格，评价中将会产生扩大选择进口的误导。

3.9～3.11 影子工资的组成及计算公式

影子工资是指建设项目使用劳动力、耗费劳动力资源而使社会付出的代价，在建设项目国民经济评价中以影子工资计算劳动力费用。影子工资按下式计算：

影子工资=劳动力机会成本+新增资源消耗

劳动力机会成本系指劳动力在本项目被使用，而不能在其他项目中使用而被迫放弃的劳动收益。

新增资源消耗系指劳动力在本项目新就业或由其他就业岗位转移来本项目而发生的社会资源消耗，这些资源的消耗并没有提高劳动力的生活水平。

3.12 影子工资换算系数的取值

本条主要规定了几种主要情况下影子工资换算系数的取值。

《方法与参数》（第二版）中，影子工资换算系数为1，对于在建设期内大量使用民工的项目，其民工的影子工资换算系数为0.5。

本次对影子工资的测算，在分类方式上做出了改动，采用技术与非技术劳动力的分类方式，分别测算其劳动力影子价格的推荐取值。对于技术劳动力，采取影子工资等于财务工资，即影子工资换算系数为1。对于非技术劳动力，推荐在一般情况下采取财务工资的0.25～0.8倍作为影子工资，即影子工资换算系数为0.25～0.8。考虑到我国各地经济发展不平衡，劳动力供求关系有一定差别，规定应当按照当地非技术劳动力供给富余程度调整影子工资换算系数。

我国人口众多，城镇人口就业不足，相当数量的城镇人口下岗、待业。更为严峻的是农村人口大量过剩，农民人均耕地面积很少，大量农业劳动力闲置，需要到城镇寻找工作。在开发建设中，应当鼓励新的建设项目多使用劳动力。考虑到这种因素，项目的国民经济评价中，对劳动力的影子工资应当采取较低的数值。特别对于非技术劳动力，其机会成本可以认为等于零，因为从全社会来看，非技术劳动力大量过剩。考虑到劳动力就业带来一定的新增资源消耗，包括劳动力从原来居住地迁移、增加的食品和其他生活必需品消费等，并且非熟练劳动力当前的工资水平较低，最终可选择0.25～0.8作为非熟练劳动力影子工资换算系数。

3.13 土地影子价格的定义和作用

土地是重要的经济资源，国家的土地资源是有限的，国家对建设项目使用土地实行政府管制，土地使用价格受到土地管制的影响，可能并不能反映土地的真实价值。项目的经济评价中应当正确地估计土地资源的价值。

土地影子价格代表对土地资源的真实价值衡量，在项目的国民经济评价中要正确衡量土地资源的影子价格，提高土地资源的利用效率。

3.14 土地影子价格的组成及计算方法

项目使用土地，占用了国家的土地资源，应当计算由此所带来的费用。按照项目国民经济评价的基本方法，土地的影子价格应当等于土地的机会成本加上土地转变用途所导致的新增资源消耗。即：

土地影子价格 = 土地机会成本 + 新增资源消耗

在项目的国民经济评价中，占用土地的机会成本和新增资源消耗应当充分估计。项目占用的土地位于城镇与农村，具有不同的机会成本和新增资源消耗构成，要采取不同的估算方法。

3.15 城镇土地影子价格的确定

国家实行土地出让制度，建设项目从国家取得出让土地使用权，出让土地采取三种方式：协议出让、公开招标或拍卖，三种出让方式形成了三种土地出让价格，即：协议价格、招标价格和拍卖价格。

国家在城镇土地出让中，逐步引入市场机制，逐步建立由市场机制决定土地价格。项目使用城镇出让土地使用权，如果是通过政府公开招标、拍卖取得的，土地使用权出让的招标价格、拍卖价格，可以认为已经是由市场决定的价格，作为项目使用土地的影子价格。尽管土地招标中，并不一定是出价最高者能中标，但是评标总是在各种条件的优劣中进行平衡优化选择，目的是促使土地得到最好的利用，因此土地的招标价格可以近似认为是竞争机制的结果。公开拍卖则是由市场竞价决定土地出让价格，应当更能充分体现市场竞争。但如果有证据表明，在招标、拍卖过程中，存在影响市场公平交易价格的因素，交易价格可能显著偏离正常的市场交易价格，影子价格应当重新估价。

建设项目使用城市土地，如果是以协议出让方式取得，则协议地价由出让方和受让方“一对一”地谈判形成。协议地价不是由土地市场供需状况和土地预期收益决定的，而是取决于供需双方的动机。双方的动机可能较为复杂，最终的协议价格可能会大大偏离公开市场交易所应有的价格，因而不能作为影子价格。协议地价不能自动地被认为可以代表土地的影子价格，而是要将协议地价与同类土地的公平交易价格进行比较后，方可据以确定以协议出让方式取得的土地的影子价格。

依法取得的出让土地使用权，在法律许可的范围内，可以在市场上转让。以土地转让方式取得的土地使用权，其影子价格可能等于转让价格，也可能不等于其转让价格。

我国各城市先后制定了土地出让基准地价，按土地分级对土地出让地价规定了计算的基准出发值，在具体地块的招标出让中，作为出让底价计算的基础。实际交易中，依地块的不同和交易条件的不同，每宗地块的成交地价可能不同程度地高于或低于基准地价。如果没有类似的市场交易价格可以作为参考，测定项目地块的影子价格时，各城市制定的分级土地基准地价可以作为估算土地影子价格的基准出发值，按照当地对具体地块出让价格的修正方法，估算项目使用地块的影子价格。

3.16 农村土地影子价格的确定

项目使用的农村土地，一般是来自政府征用的农村农民集体所有的土地。政府征用农民的土地，被征用土地的农民失去土地，需要由政府重新安置，安置新的居住房屋，安排新的就业，使农民获得新的生活资料来源。政府征用农民土地，要向农民支付征地补偿费用，包括：耕地补偿费、青苗补偿费、地上建筑物补偿费、安置补助费等。这些征地补偿费，通常全部或者部分由项目建设方向政府交付。除此之外，项目建设方还要向政府缴纳征地管理费、耕地占用税、耕地开垦费、土地管理费、土地开发费等其他费用。

项目征用农村土地，土地征用费中的耕地补偿费及青苗补偿费应视为土地机会成本，地上建筑物补偿费及安置补助费应视为新增资源消耗，征地管理费、耕地占用税、耕地开垦费、土地管理费、土地开发费等其他费用应视为转移支付，不列为费用。

项目所支付的征地费中，耕地补偿费、青苗补偿费、安置补助费等的确定如与农民进行了充分的协商，能够充分保证农民的应得利益，则土地影子价格可按土地征地费中的相关费用确定。如果没有与农民进行充分协商，导致相应的补偿和安置补助费低于市场定价，不能充分保证农民利益，则土地影子价格应参照当地正常征地补助标准进行调整。

如果项目建设方支付给政府的耕地补偿费、青苗补偿费、安置补助费等没有全部覆盖政府实际支付的补偿费用，政府另外以货币或非货币形式对农民进行补偿，则相应的土地影子价格应当根据政府的额外补偿进行调整。

在测定农村土地的机会成本时，需要测定土地未来的净产出，将未来各年的净产出贴现加和，以所有可能的最大净产出的现值之和作为土地的机会成本。本次参数测算中，专业机构对我国部分省市的各类农、林、畜牧业的净产出也进行了统计分析。

土地具有不可移动性，土地的区位对于土地价值有着决定性的影响，不同地理位置，价值可能相差很大。甚至相邻的两块土地，价值差异也可能会很大。每块土地的影子价格也应当具体情况具体分析，不能简单套用已有的数据（部分市县土地影子价格参考表见表3.16）。

表3.16　2000年部分市县土地影子价格参考表

单位：元

地　区	级　别	土地影子价格		
		商　业	住　宅	工　业
天津	一级	10980	5960	1380
	末级	840	370	320
济南	一级	4654	3242	2856
	末级	499	425	383
广州	一级	13936	8000	2200
	末级	922	802	449
郑州	一级	4500	2500	1150
	末级	375	345	330
武汉	一级	8210	3501	1087
	末级	322	313	302
长沙	一级	7750	3875	2325
	末级	250	250	250
昆明	一级	5873	2670	554
	末级	439	458	425
西安	一级	3300	2610	1950
	末级	28	26	22

续表

地 区	级 别	土地影子价格		
		商 业	住 宅	工 业
西宁	一级	2707	1220	781
	末级	352	280	214
青岛	一级	5250	3500	900
	末级	900	775	450
吉林通化	一级	584	271	244
	末级	140	88	77
浙江台州	一级	1485	990	310
	末级	805	740	270
河南开封	一级	1410	630	540
	末级	320	245	200
江苏苏州	一级	7600	4000	1600
	末级	750	700	550
湖北十堰	一级	2630	769	289
	末级	249	204	136
陕西铜川	一级	805	550	395
	末级	100	70	50
新疆克拉玛依	一级	910	546	293
	末级	396	198	103
云南玉溪	一级	1401	1107	593
	末级	567	530	477
浙江德清	一级	1580	504	185
	末级	390	168	110
吉林松原	一级	769	259	102
	末级	163	108	71
山东阳谷	一级	500	350	250
	末级	250	170	120
河南柘城	一级	600	250	210
	末级	210	120	110
江苏射阳	一级	900	420	300
	末级	340	240	200
湖北通山	一级	451	205	135
	末级	136	76	70

续表

地　区	级　别	土地影子价格		
		商　业	住　宅	工　业
新疆鄯善	一级	395	290	130
	末级	185	120	50
安徽凤阳	一级	350	250	
	末级	90	80	
云南开远	一级	819	346	305
	末级	284	198	180

注：

①上述不同市县、不同土地用途、不同土地级别的影子价格主要是依据2000年土地收益、土地市场价格、成本等资料测算得到的。

②对于不同市县商业用地和住宅用地的土地影子价格主要采用了收益法和市场比较法进行了测算。对于有收益的土地采用了收益法；对于存在规范市场交易价格的，采用了市场比较法。

③对于不同市县工业、公共设施用地的土地影子价格主要采用了成本法和基准地价修正法进行了测算。对于能搜集到征地、土地开发成本等资料的市县，主要采用成本法进行测算土地影子价格；对于有基准地价的区域主要采用了基准地价修正法进行测算。

④不同的土地级别主要依据各地按照《城镇土地分等定级规程》所划分的土地级别。根据《城镇土地分等定级规程》的要求，不同土地级别是指依据城镇内土地质量、区位条件等的不同而划分的不同区域。

⑤不同的土地用途主要是依据现行土地用途分类，结合实际工作中的主要用途类型确定的商业、工业、住宅等，其他用途则可以参照这三种用途中的一种。

附加说明

《建设项目经济评价方法与参数》主要组织和编写人员名单

国家发展和改革委员会投资司	杨庆蔚	王晓涛	罗国三	韩志峰
建设部标准定额司	陈　重	徐惠琴	胡传海	卫　明
建设部标准定额研究所	徐金泉	李明哲	董红梅	林　艳
	刘　咏	秦咸悦	王　芬	朱　洪
	史富文			
中国国际工程咨询公司	郭建斌	李开孟	张玉如	邱志青
石油和化学工业规划院			王　彤	牛新祥
中国社会科学院数量经济与技术经济研究所			李　平	郭树声
中国建设银行				姜滇生
北京华智博宇咨询有限公司				李　军

此外，同济大学黄渝祥、清华大学经济管理学院蔚林巍、北京有色冶金设计研究总院李巧雪、交通部水运规划设计院邢国江、北京商山一览科技咨询有限公司张鹏同志参加了部分工作。